印光大師開示語錄

無論在家在庵，必須敬上和下。
忍人所不能忍，行人所不能行。
靜坐常思己過，閒談不論人非。行住坐臥，穿衣喫飯，
從朝至暮，從暮至朝，一句佛號，不令間斷。

李圓淨 編著

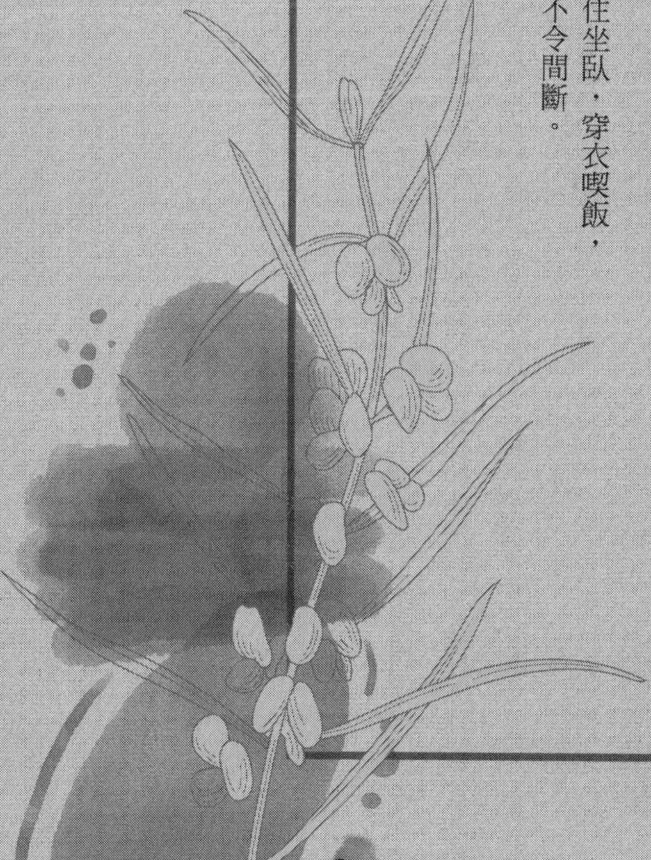

華夏出版公司本著「弘揚傳統文化，好書永世流傳」的理念，因舊版圖書年代久遠，囿於時空因素，在尚未能聯繫到原著作人並取得同意下，重新出版了這本著作，如有侵權，敬請著作權人或其親友和華夏出版公司聯繫，謝謝您。

嘉言錄重排序

淨土法門，理極高深，事甚簡易。由玆天姿聰敏，知見超特者，每每視作愚夫愚婦之事，而不肯修持。豈知其爲十方三世一切諸佛，上成佛道，下化衆生，成始成終之究竟法門乎。彼以愚夫愚婦能修，遂幷法門而藐視之。何不觀華嚴所證與普賢等，與諸佛等者，尙須以十大願王，回向往生西方極樂世界，以期圓滿佛果乎。藐視淨土法門而不屑修，其于華嚴，將復視作何等。又于華嚴末後歸宗一著，爲復尊重之也，爲復藐視之耶。此無他，蓋未詳審通途、特別、法門之所以，及自力、佛力、大小難易而致然也。使詳審之，能不附于華藏海衆之班，一致進行，同求往生乎。光自束髮讀書，卽受韓、歐、程、朱、闢佛之毒，幸無韓、歐、程、朱、之才。使稍能相埒，則必致自誤誤人，生身陷入阿鼻地獄矣。自十四五後，病困數年，從玆徧思古今，詳繹經書，始知韓、歐、程、朱、之作此說者，全屬門庭知見，絕不計及堂奧中事之所致也。乃于弱冠之次年，出家爲僧，專修淨業。誓盡此生，作自了漢，決不建立門庭，廣收徒衆，以致後世子孫，敗壞佛法，幷拉光于阿鼻地獄中，同彼受苦也。至光緒十九年，普陀法雨寺化聞和尙入都請藏經，命查印刷事，畢，邀同來山，知其不喜作事，故令住一閒寮，隨意修持，于今已三十有五年矣。在山日久，有以筆墨事見託者，絕不用印光名字。卽自己有必須署名之文字，亦只隨便寫二字卽已。以故二十年來絕無人客過訪。及信札往來諸紛擾。民國啓元。高鶴年居士。給去數篇文稿。登佛學叢報。不敢用印光名。以印光常稱常慚愧僧。故署名常慚。徐蔚如居士。及周孟由。謬爲見賞。打聽三四年。了無知者。後孟由來山拜謁。遂祈歸依。持去數篇廢稿。寄于蔚如。乃于京師排印。名印光法師文鈔。以致徧刺雅目。愈增慚愧耳。時爲民國七年。八年。又搜羅若干篇。作續編。并初編同排之。九年。令上海商務印書館排作兩册。留板。十年春出書。光又于揚州。將九年所排者。刻一書册板。作四册。十一年。又于商務印書館排作四册。當時諸居士任者有二萬部。而商務印書館印以出售者。不在此數。十四年冬。又令中華書局排增廣本。亦作四册。比先增百餘葉。今年夏出書。以工潮等。其價甚昂。只印二千。原訂打四付紙板。二歸本局。二歸于光。乃令杭州浙江印刷公司。先印一萬。以後續印。一任因緣。圓淨居士李榮祥。近數年來。專心佛學。于起信、楞嚴、圓覺各爲疏解。光謂青年人。宜先著實用念佛功夫。待其業消智朗。障盡福崇時。再行發揮。自可闡明佛意。宣傳宇宙。當時彼尚不以爲然。後以用心過度。形神日衰。始知光言不謬。乃復詳閱文鈔。不勝歡喜。遂摘錄要義。分門別類。編作一册。擬用報紙印一千册。以應急欲即閱者。（以先曾逐次登居士林林刊。故屢有催促令印之者。）及光五月至申。乃與其妻。同受歸依。八月書出。不久送完。函索者紛至沓來。遂令漕河涇監獄署排作書本。陳荻洲居士願任排工。並打四付紙板。費又任印二千册。一時任者，將近二萬。其所錄之出處，某卷某葉，一一備載，庶可以文鈔全文相對閱，由其于諸文中截取要義，匯歸一類，故每有文義稍同，而不卽刪削者，冀閱者受反復勸勛之益，冀其直下斷疑生信也。其出處卷、及葉數，皆依增廣文鈔。以增廣文鈔，作永久流通之本，餘則久後必無再印之舉也。又以文鈔繁廣，初機或難于簡別其易曉了而合機宜者，欲令先得其門徑，從茲著實進修，自至其極，免致望洋興歎，或至退屈之虞。因錄文鈔選讀篇目，附于嘉言錄目錄之後，庶未曾研究佛學之人，得以坐進斯道矣。因爲敍其所以然，以期閱者共知所願見者聞者。勿以所說皆平實庸常而棄之，以求其高深玄妙者。夫堯舜之道，孝弟而已，如來之道，戒定慧而已。能于平實庸常之事而實行之，行之及極，其高深玄妙之理，豈待別求。否則高深玄妙，但屬口頭活計，生死到來，一毫也用不著。願閱者悉注意焉。民國十六年丁卯夏曆臘月八日，古莘常慚愧僧釋印光謹撰。

大師論衣制云。五戒所搭之衣，按律，是五條直條，無一長一短之橫紋，名縵衣。今人多不怕罪過，不肯依法。卽在家五戒，每搭一長一短之五衣，或二長一短之七衣，皆爲違律。在家人，卽依法縵衣，亦祇禮拜持誦，敬禮三寶時可搭，不宜常搭。出家人從前五衣，是狹短的，如一條大手巾樣，故可常不離身，名作務衣。今之五衣，與七衣同長大，做事則不能搭，此古今之殊制也。

印光法師嘉言錄目錄（號碼論面數、非論頁數。）

印光法師嘉言錄

皈依弟子李圓淨謹編

一　讚淨土超勝

●大矣哉。淨土法門之爲教也。是心作佛。是心是佛。直指人心者。猶當遜其奇特。卽念念佛。卽念成佛。歷劫修證者。益宜挹其高風。普被上中下根。統攝律教禪宗。如時雨之潤物。若大海之納川。偏圓頓漸一切法。無不從此法界流。大小權實一切行。無不還歸此法界。不斷惑業。得預補處。卽此一生。圓滿菩提。九界衆生離是門。上不能圓成佛道。十方諸佛捨此法。下不能普利羣萌。是以華嚴海衆。盡遵十大願王。法華一稱。悉證諸法實相。最勝方便之行。馬鳴示于起信。易行疾至之道。龍樹闡于婆沙。釋迦後身之智者。說十疑論而專志西方。彌陀示現之永明。著四料簡而終身念佛。匯三乘五性。總證眞常。導上聖下凡。同登彼岸。故得九界咸歸。十方共讚。千經併闡。萬論均宣。誠可謂一代時教之極談。一乘無上之大教也。不植德本。歷劫難逢。既獲見聞。當勤修習。【序】一

●教理行果。乃佛法之綱宗。憶佛念佛。實得道之捷徑。在昔之時。隨修一法。而四者皆備。卽今之世。若捨淨土。則果證全無。良以去聖時遙。人根陋劣。匪仗佛力。決難解脫。夫所謂淨土法門

者。以其普攝上中下根。高超律教禪宗。實諸佛徹底之悲心。示衆生本具之體性。匯三乘五性。同歸淨域。導上聖下凡。共證眞常。九界衆生離此法。上不能圓成佛道。十方諸佛捨此法。下不能普利羣生。所以往聖前賢。人人趣向。千經萬論。處處指歸。自華嚴導歸之後。盡十方世界諸大菩薩。無一不求生淨土。由祇園演說以來。凡西天東土一切著述。末後皆結歸蓮邦。【書一】一

●古人云。人身難得。中國難生。佛法難聞。生死難了。我等幸得人身。生中國。聞佛法。所不幸者。自愧業深障重。無力斷惑。速出三界。了生脫死耳。然又幸得聞我如來徹底悲心所說之大權巧異方便。令博地凡夫帶業往生之淨土法門。實莫大之幸也。若非無量劫來。深植善根。何能聞此不思議法。頓生眞信。發願求生乎。書一【三】

●竊聞淨土者。乃究竟暢佛本懷之法也。高超一切禪教律。統攝一切禪教律。略言之。一言一句。一偈一書。可以包括無餘。廣說之。雖三藏十二部之玄言。五宗諸祖師之妙義。亦詮不盡。縱饒盡大地衆生。同成正覺。出廣長舌。以神通力。智慧力。塵說。剎說。熾然說。無間說。又豈能盡。良以淨土本不思議故也。試觀華嚴大經王。於三藏末後一著。歸重願王。法華奧典。妙冠羣經。聞卽往生。位齊等覺。則千經萬論。處處指歸者。有由來也。文殊發願。普賢勸進。如來授記於大集。謂末法中。非此莫度。龍樹簡示於婆沙。謂易行道。速出生死。則往聖前賢。人人趣向者。豈徒然

哉。誠所謂一代時教。皆念佛法門之註脚也。不但此也。舉凡六根所對一切境界所謂山河大地。明暗色空。見聞覺知聲香味等。何一非闡揚淨土之文字耶。寒暑代謝。老病相摧。水旱兵疫。魔侶邪見。何一非提醒當人速求往生之警策耶。廣說其可盡乎。言一言統攝者。所謂淨也。淨極則光通。非至妙覺。此一言豈易承當。於六卽佛頌研之可知也。一句者。信願行也。非信不足以啓願。非願不足以導行。非持名妙行。不足滿所願而證所信。淨土一切經論。皆發明此旨也。一偈者。讚佛偈也。舉正報以攝依果。言化主以包徒衆。雖只八句。淨土三經之大綱盡舉也。一書者。淨土十要也。字字皆末法之津梁。言言爲蓮宗之寶鑑。痛哭流涕。剖心瀝血。稱性發揮。隨機指示。雖拯溺救焚。不能喻其痛切也。捨此則正信無由生。邪見無由殄也。【書一】三

●須知吾人自無始以來。所作惡業。無量無邊。華嚴經謂。假使惡業有體相者。十方虛空。不能容受。豈泛泛悠悠之修持。便可消盡耶。所以釋迦、彌陀兩土敎主。痛念衆生無力斷惑。特開一仗佛慈力。帶業往生之法門。其宏慈大悲。雖天地父母。不能喻其恆河沙分之一。只宜發慚愧心。發懺悔心。自可蒙佛加被。業消身安耳。【書一】一二

●善導和尙云。若欲學解。從凡夫地乃至佛地。一切諸法。無不當學。若欲學行。當擇其契理契機之一法。專精致力。方能速證實益。否則經劫至劫。尚難出離。所謂契理契機之法。無過信願

持佛名號，求生西方。【書一】一五

●阿彌陀經，無量壽經，觀無量壽佛經，此名淨土三經，專談淨土緣起事理。其餘諸大乘經，咸皆帶說淨土。而華嚴一經，乃如來初成正覺，為四十一位法身大士，稱性直談一乘妙法。末後善財遍參知識，於證齊諸佛之後，普賢菩薩為說十大願王，普令善財，及與華藏海眾，回向往生西方極樂世界，以期圓滿佛果。而觀經下品下生，五逆十惡，具諸不善，臨命終時，地獄相現，有善知識，教以念佛，彼即受教，稱念佛名，未滿十聲，即見化佛，授手接引往生。大集經云，末法億億人修行，罕一得道，唯依念佛得度生死。是知念佛一法，乃上聖下凡共修之道，若愚若智通行之法，下手易而成功高，用力少而得效速。以其專仗佛力，故其利益殊勝，超越常途教道。昔人謂餘門學道，似蟻子上於高山，念佛往生，如風帆揚於順水，可謂最善形容者矣。【書一】五一

●大覺世尊，愍諸眾生，迷背自心，輪迴六道，久經長劫，莫之能出。由是興無緣慈，運同體悲，示生世間，成等正覺，隨順機宜，廣說諸法。括舉大綱，凡有五宗。五宗維何，曰律，曰教，曰禪，曰密，曰淨。律者佛身，教者佛語，禪者佛心。佛之所以為佛，唯此三法。佛之所以度生，亦唯此三法。眾生果能依佛之律教禪以修持，則即眾生之三業，轉而為諸佛之三業。三業既轉，則煩惱即菩提，生死即涅槃矣。又恐宿業障重，或不易轉，則用陀羅尼三密加持之力，以熏陶之，若蜾蠃之祝

螟蛉。曰似我似我。七日而變成蜾蠃矣。又恐根器或劣。未得解脫。而再一受生。難免迷失。於是特開信願念佛。求生淨土一門。俾若聖若凡。同於現生往生西方。聖則速證無上菩提。凡則永出生死繫縛。以其仗佛慈力。故其功德利益。不可思議也。須知律爲教禪密淨之基址。若不嚴持禁戒。則教禪密淨之眞益莫得。如修萬丈高樓。地基不固。則未成即壞。淨爲律教禪密之歸宿。如百川萬流。悉歸大海。以淨土法門。乃十方三世諸佛。上成佛道。下化衆生。成始成終之法門。故華嚴入法界品。善財蒙普賢加被開示。已證等覺。普賢乃令發十大願王。回向往生西方極樂世界。以期圓滿佛果。復以此普勸華藏海衆。而觀無量壽佛經。下品下生。乃五逆十惡。將墮阿鼻地獄之人。蒙善知識教以念佛。或念十聲。或但數聲。即便命終。亦得蒙佛接引往生西方。觀此則上自等覺菩薩。不能出於其外。下至逆惡罪人。亦可入於其中。其功德利益。出於一代時教之上。以一代時教。皆仗自力以出生死。淨土法門。未斷惑者。仗佛慈力。即可帶業往生。已斷惑者。仗佛慈力。遂得速登上地。乃一代時教中之特別法門。不可以常途教道相爲並論也。以故華嚴、法華、等諸大乘經。文殊、普賢、等諸大菩薩。馬鳴、龍樹、等諸大祖師。悉皆顯闡讚導。普勸往生。【書二】五五

●夫釋迦彌陀。于往劫中。發大誓願。度脫衆生。一則示生穢土。以穢以苦折伏而發遣。一則安

居淨土。以淨以樂攝受而鈞陶。汝只知愚夫愚婦。亦能念佛。遂至藐視淨土。何不觀華嚴入法界品。善財于證齊諸佛之後。普賢菩薩。乃教以發十大願王。回向往生西方極樂世界。以期圓滿佛果。且以此普勸華藏海衆乎。夫華藏海衆。無一凡夫二乘。乃四十一位法身大士。同破無明。同證法性。悉能乘本願輪。于無佛世界。現身作佛。又華藏海中。淨土無量。而必回向往生西方極樂世界者。可知往生極樂。乃出苦之玄門。成佛之捷徑也。以故自古迄今。所有禪教律叢林。無不朝暮持佛名號。求生西方也。【論】二

●一切衆生。具有如來智慧德相。但由迷眞逐妄。背覺合塵。全體轉爲煩惱惡業。因茲久經長劫。輪迴生死。如來愍之。爲說諸法。令其返妄歸眞。背塵合覺。使彼煩惱惡業。全體復成智慧德相。從此盡未來際。安住寂光。猶如結水成冰。融冰成水。體本不異。用實天殊。然衆生根有大小。迷有淺深。各隨機宜。令彼得益。所說法門。浩若恆沙。就中求其至圓至頓。最妙最玄。下手易而成功高。用力少而得效速。普被三根。統攝諸法。上聖與下凡共修。大機與小根同受者。無如淨土法門之殊勝超絕也。何以言之。一切法門。雖則頓漸不同。權實各異。皆須修習功深。乃得斷惑證眞。出離生死。超凡入聖。是謂全仗自力。別無倚託。倘惑稍未盡。則仍舊輪迴矣。且皆理致甚深。不易修習。若非宿有靈根。卽生實難證入。惟有淨土法門。不論富貴貧賤。老幼男女。智愚

僧俗士農工商。一切人等。皆能修習。由阿彌陀佛大悲願力。攝取娑婆苦惱衆生。是故較餘門得果爲易也。【論】八

●衆生一念心性。與佛無二。雖在迷不覺。起惑造業。備作衆罪。其本具佛性。原無損失。譬如摩尼寶珠。墮于圊廁。直與糞穢。了無有異。愚人不知是寶。便與糞穢一目視之。智者知是無價妙寶。不以汙穢爲嫌。必於廁中取出。用種種法。洗滌令潔。然後懸之高幢。即得放大光明。隨人所求。普雨衆寶。愚人由是始知寶貴。大覺世尊。視諸衆生。亦復如是。縱昏迷倒惑。備作五逆十惡。永墮三途惡道之人。佛無一念棄捨之心。必伺其機緣。冥顯加被。與之說法。俾了幻妄之惑業。悟眞常之佛性。以至於圓證無上菩提而後已。於罪大惡極之人尚如是。其罪業小者。與戒善具修。禪定力深者。亦無一不如是也。以凡在三界之中。雖有執身攝心。伏諸煩惑之人。而情種尚在。福報一盡。降生下界。遇境逢緣。猶復起惑造業。由業感苦。輪迴六道。了無已時。故法華經云。三界無安。猶如火宅。衆苦充滿。甚可怖畏。若非業盡情空。斷惑證眞。則無出此三界之望。此則唯有淨土法門。但具眞信切願。持佛名號。即可仗佛慈力。往生西方。既得往生。則入佛境界。同佛受用。凡情聖見。二皆不生。乃千穩萬當。萬不漏一之特別法門也。時當末法。捨此無術矣。【序】四七

●佛光者，十法界凡聖生佛，即心本具之智體也。此體靈明洞徹，湛寂常恆。不生不滅，無始無終。豎窮三際，而三際由之坐斷。橫徧十方，而十方以之消融。謂之爲空，則萬德圓彰。謂之爲有，則一塵不立。即一切法，離一切相。在凡不減，在聖不增。雖則五眼莫能覷，四辯莫能宣，而復法法承他力處處得逢渠。但由衆生從未悟故，不但不得受用，反承此不思議力，起惑造業，由業感苦。致令生死輪迴，了無已時。以常住之眞心，受生滅之幻報。譬如醉見屋轉，屋實不轉。迷謂方移，方實不移。全屬妄業所現，了無實法可得。以故我釋迦世尊，示成佛道，徹證佛光時，歎曰，奇哉奇哉，一切衆生，皆具如來智慧德相。但以妄想執著，不能證得。若離妄想，則一切智，自然智，無礙智，則得現前。楞嚴云，妙性圓明，離諸名相，本來無有世界衆生。因妄有生，因生有滅。生滅名妄，滅妄名眞。是稱如來無上菩提，及大涅槃，二轉依號。盤山云，心月孤圓，光吞萬象。光非照境，境亦不存。心境俱亡，復是何物。溈山云，靈光獨耀，迴脫根塵。體露眞常，不拘文字。心性無染，本自圓成。但離妄念，即如如佛。是知佛祖種種言教，無非指示衆生本具心性，令其返迷歸悟，復本還元而已。然衆生機有淺深，迷有厚薄。不假種種言教開導，種種法門對治，則迷雲障于性空，何由令其一一徹見心月也哉。以故如來最初成道，演大華嚴，直談界外大法，不與權小所共。俾宿根成熟一類大機，同證眞常，誕登覺岸。復以鈍根衆生，未能得益，遂爲循循善誘，隨機演說。或以五戒、十善。攝彼人、天、二乘。令其種入佛道之勝因。或以四諦、十二因緣、六度、萬行。攝彼聲聞、緣覺、菩薩、三乘。令其得證佛道之近緣。始自阿含。以迄般若。莫不曲順根性。而爲宣說。令其漸次增進。就路還家。佛之本懷。祕而不宣。迨至法華會上。開權顯實。開迹顯本。人天權小。皆是一乘。客作賤　　實長者子。普授三根之記。大暢出世本懷。與最初華嚴。始終互映。可謂一大事因緣。全體咐囑。了無餘蘊矣。又以末世衆生根機陋劣。斷惑證眞。實乏其人。以故特開淨土一門。俾上中下根。若聖若凡。同于現生。出此娑婆。生彼極樂。以漸證夫無量光壽。其深慈大悲。實屬至極無加矣。〔序〕十五下

●佛法深廣。猶如大海。博地凡夫。孰能窮源徹底。一口吸盡。雖然。倘能生正信心。自可隨己分量。各得其益。譬如修羅、香象。及諸蚊蝱。飲于大海。各取飽腹而已。如來出世。隨順衆生。爲其說法。各令得益。亦復如是。而末世衆生。業障深厚。善根淺薄。心智狹劣。壽命短促。加以知識希少。魔外縱橫。修餘法門。欲于現生斷惑證眞。了生脫死。誠爲甚難希有之事。唯淨土一法。專仗佛力。以故不論斷證。唯恃信願。信願若具。雖罪大惡極。將墮阿鼻地獄之流。尚可以仗十念之力。徑蒙佛慈接引往生。噫。如來大慈普度。一物不遺。唯此一法。最爲周摯。〔序〕六一

●念佛法門。其來尚矣。以吾人一念心性。猶如虛空。常恆不變。雖常不變。而復念念隨緣。不隨

佛界之緣。便隨九界之緣。不隨三乘之緣。便隨六道之緣。不隨人天之緣。便隨三途之緣。由其緣之染淨不同。致其報之苦樂迥異。雖于本體了無改變。而其相用固已天淵懸殊矣。譬如虛空。日照則明。雲屯則暗。雖虛空之本體。不因雲日而爲增減。而其顯現障蔽之相。固不可以同年而語也。如來以是義故。普令衆生緣念于佛。故曰。若衆生心。憶佛念佛。現前當來。必定見佛。去佛不遠。又曰。諸佛如來是法界身。入一切衆生心想中。是故汝等心想佛時。是心卽是三十二相。八十隨形好。是心作佛。是心是佛。諸佛正徧知海。從心想生。夫隨佛界之緣。則是心作佛。是心是佛矣。若隨衆生各界之緣。則是心作衆生。是心是衆生矣。了此而不念佛者。未之有也。念佛一法。乃以如來萬德洪名爲緣。卽此萬德洪名。乃如來果地所證之無上覺道。由其以果地覺。爲因地心。故得因該果海。果徹因源。如染香人身有香氣。如蜾蠃之祝螟蛉。久則化之。卽生作佛。轉凡成聖。其功能力用。超過一代時教一切法門之上。以一切法門。皆仗自力。斷惑證眞。方得了生脫死。念佛法門。自力佛力。二皆具足。故得已斷惑業者。速證法身。具足惑業者。帶業往生。其法極其平常。雖愚夫愚婦。亦能得其利益。而復極其玄妙。縱等覺菩薩。不能出其範圍。故無一人不堪修。亦無一人不能修。下手易而成功高。用力少而得效速。實爲如來一代時教中之特別法門。固不可以通途教理而爲論判也。末法衆生。福薄慧淺。障厚業深。不修此法。

欲仗自力斷惑證眞，以了生死，則萬難萬難。【序】七五

●粵自大教東流，廬山創興蓮社，一倡百和，無不奉從，而其大有功而顯著者，北魏則有曇鸞，鸞乃不測之人也。因事至南朝見梁武帝，後復歸北，武帝每向北稽首曰，鸞法師肉身菩薩也。陳隋則有智者。唐則有道綽，踵曇鸞之教，專修淨業。一生講淨土三經，幾二百徧，綽之門出善導，以至承遠，法照，少康，大行，則蓮風普扇于中外矣。由此諸宗知識，莫不以此道密修顯化，自利利他矣。至如禪宗若單提向上，則一法不立，佛尚無著落處，何況念佛求生淨土，此眞諦之一泯一切皆泯，所謂實際理地，不受一塵，顯性體也。若確論修持，則一法不廢，不作務卽不食，何況念佛求生淨土。此俗諦之一立一切皆立，所謂佛事門中，不捨一法，顯性具也。必欲棄俗諦而言眞諦，則非眞諦也。如棄四大五蘊而覓心性，身既不存，心將安寄也。若卽俗諦以明眞諦，乃實眞諦也。如在眼曰見，在耳曰聞，卽四大五蘊而顯心性也。此從上諸祖，密修淨土之大旨也。但未廣顯傳述，故非深體祖意，則不得而知。然于百丈立祈禱病僧，化送亡僧之規，皆歸淨土。又曰，修行以念佛爲穩當，及眞歇了，謂淨土一法，直接上上根器，傍引中下之流。又曰，洞下一宗，皆務密修，以淨土見佛，尤簡易于宗門。又曰，乃佛乃祖，在教在禪，皆修淨土，同歸一源。可以見其梗概矣。及至永明大師，以古佛身乘願出世，方顯垂言教，著書傳揚，又恐學者路頭

不清、利害混亂。遂極力說出一四料簡偈、可謂提大藏之綱宗、作歧途之導師。使學者于八十字中頓悟出生死證涅槃之要道。其救世婆心、千古未有也。其後諸宗師、皆明垂言教、偏讚此法。如長蘆賾、天衣懷、圓照本、大通本、中峯本、天如則、楚石琦、空谷隆等、諸大祖師、雖宏禪宗、偏讚淨土。至蓮池大師、參笑巖大悟之後、則置彼而取此。以淨業若成、禪宗自得。喻已浴大海者、必用百川水。身到含元殿、不須問長安。自後蕅益、截流、省庵、夢東等、諸大祖師、莫不皆然。蓋以因時制宜、法須逗機。若不如是、則衆生不能得度矣。自茲厥後、佛法漸衰。加以國家多故、則法輪幾乎停轉。雖有知識、各攻其業、以力不暇及、置此道於不問。有談及此事、聞者若將浼焉。幸有一二大心緇白、刊刻流布、令祖教不滅、使來哲得聞、實莫大之幸也。【書一】

●迨至大教東來、遠公大師、遂以此爲宗。初與同學慧永、欲往羅浮、以爲道安法師所留。永公遂先獨往。至潯陽、刺史陶範、景仰道風、乃創西林寺以居之、是爲東晉孝武帝太元二年丁丑歲也。至太元九年甲申、遠公始來廬山。初居西林、以學侶浸衆、西林隘莫能容、刺史桓伊、乃爲創寺於山東、遂號爲東林。至太元十五年庚寅七月二十八日、遠公乃與緇素一百二十三人、結蓮社念佛、求生西方。命劉遺民作文勒石、以明所誓。而慧永法師、亦預其社。永公居西林、於峯頂別立茅室、時往禪思。至其室者、輒聞異香、因號香谷、則其人可思而知也。當遠公初結社時、即有一百二十三人、悉屬法門龍象、儒宗山斗、由遠公道風遐播、故皆羣趨而至。若終公之世、三十餘年之內、其入蓮社而修淨業、蒙接引而得往生者、則多難勝數也。自後、若曇鸞、智者、道綽、善導、清涼、永明、莫不以此、自行化他。曇鸞著往生論註、妙絕古今。智者作十疑論、極陳得失。著觀經疏、深明諦觀。道綽講淨土三經、近二百徧。善導疏淨土三經、力勸專修。清涼疏行願品、發揮究竟成佛之道。永明說四料簡、直指即生了脫之法。自昔諸宗高人、無不歸心淨土。唯禪宗諸師、專務密修、殊少明闡。自永明倡導後、悉皆顯垂言教、切勸修持矣。故死心新禪師勸修淨土文云、彌陀甚易念、淨土甚易生。又云、參禪人正好念佛、根機或鈍、恐今生未能大悟、且假彌陀願力、接引往生。又云、汝若念佛不生淨土、老僧當墮拔舌地獄。眞歇了禪師淨土說云、洞下一宗、皆務密修、其故何哉。良以念佛法門、徑路修行、正接大藏、接上上器、傍引中下之機。又云、宗門大匠已悟不空不有之法、秉志孜孜於淨業者、得非淨業見佛、尤簡易於宗門乎。又云、乃佛乃祖、在教在禪、皆修淨業、同歸一源。入得此門、無量法門、悉皆證入。長蘆賾禪師結蓮華勝會、普勸道俗念佛往生、感普賢、普慧、二菩薩、夢中求入勝會、遂以二菩薩爲會首。足見此法、契理契機、諸聖冥贊也。當宋太、眞、二宗之世、省常法師住持浙之昭慶、慕廬山遠公之道、結淨行社、而王文正公旦、首先歸依、爲之倡導。凡宰輔伯牧學士大夫、稱弟子而入社者、有百二十餘人。其沙門有數千，而士庶則不勝計焉。後有潞公文彥博者，歷仕仁、英、神、哲、四朝，出入將相五十餘年，官至太師，封潞國公。平生篤信佛法，晚年向道益力，專念阿彌陀佛，晨夕行坐未嘗少懈。與淨嚴法師，於京師結十萬人求生淨土會，一時士大夫多從其化。有頌之者曰，知君膽氣大如天，願結西方十萬緣，不爲自身求活計，大家齊上渡頭船。壽至九十二，念佛而逝。元、明之際，則有中峯，天如，楚石，妙叶，或爲詩歌，或爲論辯，無不極闡此契理契機，徹上徹下之法。而蓮池，幽溪，蕅益，尤爲切摯誠懇者。淸則梵天，思齊，紅螺，徹悟，亦復力宏此道。其梵天勸發菩提心文，紅螺示衆法語，皆可以繼往聖，開來學，驚天地，動鬼神。學者果能依而行之，其誰不俯謝娑婆，高登極樂，爲彌陀之弟子，作海會之良朋乎。【書二】五六

●迨至衆生機盡，如來應息，而大悲利生，終無有盡。由是諸大弟子，分布舍利，結集經藏。俾徧界以流通，冀普沾乎法潤。及至東漢，大敎始來。但由風氣未開，故唯在北方流通。至孫吳赤烏四年，康僧會尊者，特開化建業。蒙如來舍利降臨，致孫權極生信仰。遂修寺建塔，以宏法化。此法被南方之始也。至晉而徧布高麗，日本，緬甸，安南，西藏，蒙古，諸國。自茲以後，蒸蒸日上。至唐而諸宗悉備，可謂極盛。天台，賢首，慈恩，以宏敎。臨濟，曹洞，潙仰，雲門，法眼，以宏宗。南山則嚴淨毗尼。蓮宗則專修淨土。如各部之分司其職，猶六根之互相爲用。良以敎爲佛語，宗爲佛心，律

爲佛行。心、語、行、三。決難分屬。約其專主。且立此名。唯淨土一法。始則爲凡夫入道之方便。實則是諸宗究竟之歸宿。以故將墮阿鼻者。得預末品。證齊諸佛者。尙期往生。如來在世。千機並育。萬派朝宗。佛滅度後。宏法大士。各宏一法。以期一門深入。諸法咸通耳。譬如帝網千珠。珠珠各不相混。而一珠徧入千珠。千珠悉攝一珠。參而不雜。離而不分。泥迹者。謂一切法。法法各別。善會者。則一切法。法法圓通。如城四門。隨近者入。門雖不同。入則無異。若知此意。豈但諸佛諸祖所說甚深諦理。爲歸眞達本明心見性之法。卽盡世間所有一切陰、入、處、界、大、等。一一皆是歸眞達本。明心見性之法。又復一一皆卽是眞是本。是心是性也。以故楞嚴以五陰、六入、十二處、十八界、七大。皆爲如來藏妙眞如性也。由是言之。無一法非佛法。亦無一人非佛也。無奈衆生。珠在衣裏。了不覺知。懷寶循乞。枉受窮困。以如來心。作衆生業。以解脫法。受輪迴苦。可不哀哉。以故宏法大士。不憚艱辛。種種方便。而爲開導。令其諦了十法界因果事理。徹悟卽心自性。以迄究竟圓證也。由唐、而宋、而元、而明、而清。足一千年。聲教弗替。雖不及唐時之盛。猶可稱伯仲之倫。自咸同來。兵火聯緜。饑饉薦臻。高人日希。庸人日多。國家不暇提倡。僧侶無力振興。由是在家高人。以未嘗研究故。謬襲韓歐故套。遂致一敗塗地。至清末之時。大開學界。天姿高者。遂皆翻閱佛經。始知道本在是。遂皆息心以研究焉。〔雜著〕二九

二　勸信願眞切

甲　示眞信切願

●所言信者。須信娑婆實實是苦。極樂實實是樂。娑婆之苦。無量無邊。總而言之。不出八苦。所謂生、老、病、死。愛別離。怨憎會。求不得。五陰熾盛。此八種苦。貴極一時。賤至乞丐。各皆有之。前七種。是過去世所感之果。諦思自知。不須詳說。說則太費筆墨。第八五陰熾盛苦。乃現在起心動念。及動作云爲。乃未來得苦之因。因果牽連。相續不斷。從劫至劫。莫能解脫。五陰者。卽色、受、想、行、識也。色。卽所感業報之身。受、想、行、識。卽觸境所起幻妄之心。由此幻妄身心等法。於六塵境。起惑造業。如火熾然。不能止息。故名熾盛也。又陰者。蓋覆義。音義與蔭同。由此五法。蓋覆眞性。不能顯現。如濃雲蔽日。雖杲日光輝。了無所損。而由雲蔽故。不蒙其照。凡夫未斷惑業。被此五法障蔽。性天慧日。不能顯現。亦復如是。此第八苦。乃一切諸苦之本。修道之人。禪定力深。於六塵境界。了無執著。不起憎愛。從此加功用行。進證無生。則惑業淨盡。斬斷生死根本矣。然此工夫。大不容易。末世之中。得者實難。故須專修淨業。求生極樂。仗佛慈力。往生西方。既得往生。則蓮華化生。無有生苦。純童男相。壽等虛空。身無災變。老、病、死、等名。尙不聞。況有其實。追隨聖衆。親侍彌陀。水鳥樹林。皆演法音。隨己根性。由聞而證。親尙了不可得。何況有怨。思衣得衣。思食得食。樓閣堂舍。皆是七寶所成。不假人力。唯是化作。則翻娑婆之七苦。以成七樂。至於身。則有大神通。有大威力。不離當處。便能於一念中。普於十方諸佛世界。作諸佛事。上求下化。心則有大智慧。有大辯才。於一法中。徧知諸法實相。隨機說法。無有錯謬。雖說世諦語言。皆契實相妙理。無五陰熾盛之苦。享身心寂滅之樂。故經云。無有衆苦。但受諸樂。故名極樂也。娑婆之苦。苦不可言。極樂之樂。樂莫能喻。深信佛言。了無疑惑。方名眞信。切不可以凡夫外道知見。妄生猜度。謂淨土種種不思議勝妙莊嚴。皆屬寓言。譬喻心法。非有實境。若有此種邪知謬見。便失往生淨土實益。其害甚大。不可不知。【書一】二四

●既知娑婆是苦。極樂是樂。應發切實誓願。願離娑婆苦。願得極樂樂。其願之切。當如墮廁坑之急求出離。又如繫牢獄之切念家鄉。己力不能自出。必求有大勢力者。提拔令出。娑婆世界。一切衆生。於逆順境。起貪瞋癡。造殺盜淫。穢汙本有妙覺明心。乃無底之廁坑。既造惡業。必受惡報。久經長劫。輪迴六道。乃不赦之牢獄。阿彌陀佛。於往劫中。發四十八願。度脫衆生。有一願云。若有衆生。聞我名號。求生我國。乃至十念。若不生者。不取正覺。阿彌陀佛誓願度生。若衆生不求接引。佛亦無可奈何。倘志心稱名。誓求出離娑婆者。無一不蒙垂慈攝受也。阿彌陀佛。有大勢力。能拔娑婆無底廁坑不赦牢獄之人。直下出離。其中悉皆安置於極樂本有家鄉。令其

入佛境界。同佛受用也。【書一】二五

●彌陀爲我發願立行。以期成佛。我違彌陀行願。以故長劫恆淪六道。永作衆生。了知彌陀乃我心中之佛。我乃彌陀心中之衆生。心既是一。而凡聖天殊者。由我一向迷背之所致也。如是信心。可爲眞信。從此信心上。發決定往生之願。行決定念佛之行。庶可深入淨宗法界。一生取辦。一超直入如來地。如母子相會。永樂天常矣。【書一】六五

●念佛一事。最要在了生死。既爲了生死。則生死之苦。自生厭心。西方之樂。自生欣心。如此。則信願二法。當念圓具。再加以志誠懇切。如子憶母而念。則佛力、法力。自心信願功德力。三法圓彰。猶如杲日當空。縱有濃霜層冰。不久卽化。【書二】四十

●試問心外無佛。佛外無心。不懇切而能然乎。無信願而能然乎。【書一】六八

●凡我有情。聞是淨土法門者。當信娑婆極苦。西方極樂。當信多生已來。業障深重。匪憑佛力。驟難出離。當信求生決定現生得生。當信念佛定蒙慈悲攝受。由是堅定一心。願離娑婆。如囚之欲出牢獄。絕無繫戀之心。願生西方。如客之思歸故鄉。豈有因循之念。從此隨分隨力。至心持念阿彌陀佛聖號。無論語默動靜。行住坐臥。迎賓待客。穿衣喫飯。務令佛不離心。心不離佛。【論】八

●阿彌陀經云。從是西方過十萬億佛土。有世界。名曰極樂。其土有佛。號阿彌陀。今現在說法。又曰。彼土何故名爲極樂。其國衆生無有衆苦。但受諸樂。故名極樂。其無有衆苦。但受諸樂者。由阿彌陀佛福德智慧神通道力所莊嚴故。吾人所居之世界。則具足三苦。八苦。無量諸苦。了無有樂。故名娑婆。梵語娑婆。此云堪忍。謂其中衆生。堪能忍受此諸苦故。然此世界。非無有樂。以所有樂事。多皆是苦。衆生迷昧。反以爲樂。如嗜酒耽色。畋獵摴蒱等。何嘗是樂。一班愚夫。耽著不捨。樂以忘疲。誠堪憐愍。即屬眞樂。亦難長久。如父母俱存。兄弟無故。此事何能常恆。故樂境一過。悲心續起。則謂了無有樂。非過論也。此世界苦。說不能盡。以三苦、八苦。包括無遺。三苦者。一苦是苦苦。二樂是壞苦。三不苦不樂是行苦。苦苦者。謂此五陰身心體性逼迫。故名爲苦。又加以恆受生、老、病、死、等苦。故名苦苦。壞苦者。世間何事。能得久長。日中則昃。月盈則食。天道尙然。何況人事。樂境甫現。苦境即臨。當樂境壞滅之時。其苦有不堪言者。故名樂爲壞苦也。行苦者。雖不苦不樂。似乎適宜。而其性遷流。何能常住。故名之爲行苦也。舉此三苦。無苦不攝。八苦之義。書中備述。若知此界之苦。則厭離娑婆之心。自油然而生。若知彼界之樂。則欣求極樂之念。必勃然而起。由是諸惡莫作。衆善奉行。以培其基址。再加以至誠懇切。持佛名號。求生西方。則可出此娑婆。生彼極樂。爲彌陀之眞子。作海會之良朋矣。【序】四十

●觀此娑婆。濁惡甚於圊廁。信彼極樂。即我本有家鄉。不求此世來生。人天王等福樂。唯願報終命盡。蒙佛接引往生。朝斯夕斯。念茲在茲。念極功純。感應道交。臨命終時。必克果願。既生淨土。頓悟無生。同觀世間富貴。奚啻蹋餤空華。直同囹圄毒海耳。【雜著】四一

乙　勸祛疑生信

●淨土法門。若信得及。何善如之。若己智有不了。即當仰信諸佛諸祖誠言。斷不可有一念疑心。疑則與佛相背。臨終定難感通矣。古人謂淨土法門。唯佛與佛乃能究盡。登地菩薩。不能知其少分。夫登地大士。尚不全知。豈可以博地凡夫。妄生臆斷乎。【書一】十三

●果能生死心切。信得及。不生一念疑惑之心。則雖未出娑婆。已非娑婆之久客。未生極樂。即是極樂之嘉賓。見賢思齊。當仁不讓。豈肯因循怠忽。以致一錯而成永錯乎哉。有血性漢子。斷斷不肯生作行尸走肉。死與草木同腐矣。勉旃勉旃。【書一】一五

●其餘法門。小法則大根不須修。大法則小根不能修。唯茲淨土一門。三根普被。利鈍全收。上之則觀音、勢至、文殊、普賢。不能超出其外。下之則五逆十惡。阿鼻種性。亦可預入其中。使如來不開此法。則末世眾生。欲即生了生脫死。便絕無企望矣。然此法門如是廣大。而其修法又極簡易。由此之故。非宿有淨土善根者。便難諦信無疑。不但凡夫不信。二乘猶多疑之。不但二乘

不信。權位菩薩。猶或疑之。唯大乘深位菩薩。方能徹底了當。諦信無疑。能於此法深生信心。雖是具縛凡夫。其種性已超二乘之上。喻如太子墮地。貴壓羣臣。雖其才德未立而仗王力故。感如此報。修淨土人。亦復如是。由以信願持佛名號。即能以凡夫心。投佛覺海。故得潛通佛智暗合道妙也。欲說淨土修法。若不略陳諸法仗自力了脫之難。此法仗佛力往生之易。則不是疑法便是疑自。若有絲毫疑心。則因疑成障。莫道不修。修亦不得究竟實益也。由是言之信之一法。可不急急講求以期深造其極乎哉。【書一】二四

●淨土法門。釋迦、彌陀之所建立也。文殊、普賢之所指歸也。馬鳴、龍樹之所弘揚也。匡廬、天台、清涼、永明、蓮池、蕅益之所發揮倡導。以普勸夫若聖、若凡、或愚、或智也。此諸菩薩大士。於千百年前。早已爲吾徧研藏教。特地揀出此不斷惑業得預補處。即此一生。定出樊籠。至圓至頓。至簡至易。統攝禪教律而高出禪教律。即淺即深。即權即實。殊特超越之天然妙法也。吾信仰佛祖。以古爲師。豈不如親近今時知識之爲愈乎。華嚴一經。王於三藏。末後一著。歸重願王。華藏海衆。悉證法身。咸求往生。企圓佛果。吾何人斯。敢不景從。捨爾狂心。力行斯道。功德利益。當自證知。何待徧參方爲知法哉。【書一】三八

●刻實論之。大乘法門。法法圓妙。但以機有生熟。緣有淺深。故致益有難得與易得耳。善導彌

陀化身也。其所示專修。恐行人心志不定。爲餘法門之師所奪。歷敘初、二、三、四果聖人。及住、行、向、地、等覺、菩薩。末至十方諸佛。盡虛空徧法界。現身放光。勸捨淨土。爲說殊勝妙法。亦不肯受。以最初發願專修淨土。不敢違其所願。善導和尚早知後人者山看見那山高。渺無定見。故作此說。以死盡展轉企慕之狂妄偷心。誰知以善導爲師者。尚不依從。則依從之人。殆不多見。豈夙世惡業所使。令於最契理契機之法。覿面錯過。而作無禪無淨土之業識茫茫。無本可據之輪迴中人乎。哀哉。【書一】四八

●修行淨土。有決定不疑之理。何必要問他人之效驗。縱舉世之人。皆無效驗。亦不生一念疑心。以佛祖誠言可憑故。若問他人效驗。便是信佛言未極。便是偷心。便不濟事。英烈漢子。斷不至捨佛言而取信人言。自己中心無主。專欲以效驗人言爲前途導師。可不哀哉。【書一】六十

●衆生習氣。各有所偏。愚者偏於庸劣。智者偏於高上。若愚者安愚。不雜用心。專修淨業。即生定獲往生。所謂其愚不可及也。若智者不以其智自恃。猶然從事於仗佛慈力。求生淨土一門。是之謂大智。倘恃己見解。藐視淨土。將見從劫至劫。沈淪惡道。欲再追隨此日之愚夫而了不可得。彼深通性相宗教者。吾誠愛之慕之。而不敢依從。何也。以短綆不能汲深。小楮不能包大故也。非曰。一切人皆須效我所爲。若與我同卑劣。又欲學大通家之行爲。直欲妙悟自心。掀翻

敎海。吾恐大通家不能成。反爲愚夫愚婦老實念佛往生西方者所憐憫。豈非弄巧翻成大拙。騰空反墜深淵乎哉。一言以蔽之曰。自審其機而已矣。【書一】六五

●羅臺山之不往生墮福處。在於文字氣習重耳。此習既重。則雖曰念佛。實念念在文字裏做工夫。念佛工夫。祇是支撐門面而已。此文人通病。非臺山一人而已也。世智辨聰。佛謂爲八難之一者。正爲此也。【書一】六六

●人之處世。一一須按當人本分。不可於分外妄生計慮。所謂君子思不出其位。又曰。君子素其位而行。汝雖於淨土法門。頗生信心。然猶有好高務勝之念頭。未能放下。而未肯以愚夫愚婦自居。須知了生死。愚夫愚婦則易。以其心無異見故也。若通宗通敎。能通身放下。做愚夫愚婦工夫。則亦易。否則通宗通敎之高人。反不若愚夫愚婦之能帶業往生。淨土法門。以往生爲主。隨緣隨分。專精其志。佛決不欺人。否則求昇反墜。乃自誤耳。非佛咎也。【書二】八

●淨土一法。乃如來一代時敎。最玄最妙。至圓至頓之法門。（一法具一切法。名圓。卽生修卽生證。名頓。）博地凡夫。亦能入此法中。等覺菩薩。不能出此法外。實上聖下凡。速成佛道之一條捷徑。諸佛諸祖。普度衆生之一隻慈航。於此不生信心。或信不眞切。便是業障深重。不合了生脫死。超凡入聖。永劫永世。在此世界。常輪六道。無有出期。縱得人天。爲時甚少。如客邸寄居。一墮三途。則其時甚長。如

安住家鄉。每一思及。心驚毛豎。不惜苦口。懇告同人。【書二】二四

●諦觀來書種種議論。一言以蔽之曰。以凡夫知見。妄測佛智而已。且吾人從生至死。內而身心。外而境界。何一能知其所以然。從自有知識以來。見前人之所爲。而自亦爲之。遂得身體成立。諸事順適。身心安樂。從生至死。受用自在。若如來諭。已不知佛之所以然。及淨土之所以然。雖佛祖誠言。亦不肯因之生信。推是以求。閣下終日喫飯。終日穿衣。其充飢禦寒之所以然。爲知也否也。若道知。則知者爲誰。請的的指出。若指不出。猶依前人成規。穿衣喫飯。何于了生死第一妙法。必企其先知所以然而生信。斷不肯因佛祖之誠言而生信耶。又閣下有病。須服藥者。爲先徧閱本草、脈訣。知其藥性、病原。方始按病立方。而後服藥耶。爲卽請良醫診脈。立卽服藥耶。若立卽服藥。則治病與學佛相悖矣。縱令徧閱本草、脈訣。知其藥性、病原。亦與學佛相悖。何以故。本草、脈訣。係前人之成言。汝未能親見。何可取信。若謂本草、脈訣之言。不可不信。則佛祖善知識之言。何以皆不生信。必欲自見方信耶。如汝知見。刻實論之。當先見某藥走某經。治某病。方肯開方服藥。斷不肯依本草、脈訣所說。以開方服藥。何以故。以未見故。今充飢、禦寒。治病、之所以然。未見而卽穿衣、喫飯、服藥。佛與淨土之所以然。已未親見。縱佛祖誠言。皆不生信者。此何故也。一則以性命相關。雖不知不敢不如是行。一則以高明自詡。必徹見方肯修持其

法。古今來幾多出格豪傑。由此知見。畢生不沾佛法實益。彼謂爲愚夫愚婦者。初亦不知。而能依前人成規。顓蒙念佛。因茲潛通佛智。暗合道妙。遂得帶業往生。及斷惑往生者。將見悉證佛果。況徒知之而已乎。而此種自命出格者。因疑生謗。將從劫至劫。長墮惡道。被彼愚夫愚婦念佛往生者之所憐憫。欲垂救援。亦不可得。何也。以宿世之不信惡業所障也。閣下之智。如干將莫邪。切玉如泥。以不善用其智。如以干將莫邪切泥。則泥無所成。徒損鋒鋩。可不哀哉。【書二】二五

●佛法。乃心法。非世間一切法所能喻。其喻者。不過令人會其義。何得死執其事而敵體論之。舉扇喻月。動樹訓風。必於扇上求光明。於樹上求披拂。是尚得名爲智乎。夢境是假的。因果是眞的。亦不妨以夢境喻因果。悉令敵體相符。何也。妄心是因。夢境是果。若無妄心。決無夢境。此決定不易之論也。善惡及修持之心之事是因。得善惡及修持之果報是果。閣下爲信也否也。妄心爲夢因。則得夢境。念佛之心爲佛因。則近之卽得往生西方。遠之畢竟圓成佛道。是滋君之疑也。抑起君之信也。【書二】二六

●佛爲究竟有無。且置。閣下必欲致詰佛之有無。且問閣下自己畢竟是有是無。若謂是無。此一上絡索。是誰述說。若謂是有。請的的指出其述說者。語言係喉舌與識心相卽而有。文字。亦識心手筆運動而現。二者皆不出色、受、想、行、識、五蘊之外。皆非閣下自己。離此五法。指得出許

閣下問佛究竟有無。爲大智慧問。若指不出自己之有無。欲先知佛爲有無。乃狂妄無謂之問。非切己窮理之問也。佛畢竟是有。因汝凡情未滌。決不能見。閣下自己亦是有。因汝五蘊未空。亦不能離色、受、想、行、識。的的指出也。【書二】二六

●金剛經令發菩提心菩薩。發心度盡一切衆生。令其皆證無餘涅槃。而不見有一衆生得滅度者。不住色、聲、香、味、觸、法而行布施。布施。爲六度萬行之首。舉布施。則持戒、忍辱、精進、禪定、智慧。乃至萬行。皆當不住色、聲、香、味、觸、法。而修。此經文略。唯舉布施以該其餘。應無所住而生其心。無我、人、衆生、壽者相。修一切善法。如上所說。且道是有相耶。是無相耶。如此廣大光明之相。遍塞太虛。而謂之爲無。是何異於生盲乎哉。其言無一衆生得度。不住相。無相。無所住者。欲人不滯凡情聖見之執著相耳。其言度盡衆生。行布施。生心修善法。欲人稱性修習自利利他之法。以期自他同得圓滿菩提而後已。不於此中著眼。妄執無相爲究竟。與噇酒糟漢同一知見。尚得謂有智慧人乎。信有何難起。疑有何難去。汝決定不肯起。決定不肯去。雖佛親與之說法亦無如之何。況吾儕具縛凡夫乎。【書二】二六

●欲知佛之虛實。淨土文西歸直指所論之理。所載之事。何不於此起信斷疑。將謂此種言論事迹。皆係妄造誑言。不堪寓目乎。若作此見。則靈魂決定不墮餘五道。唯在阿鼻地獄。盡未來

際。長享隨心所現之鑊湯鑪炭。劍樹刀山。種種自在受用之樂境耳。其爲樂也。莫能喻焉。必欲知佛虛實。雖淨土文。西歸直指。所說。皆非實。唯自己親見親證方爲實。今有一事相問。汝須直心相酬。不得含糊殺託。北通州王鐵珊者。前淸曾作廣西藩臺。其時廣西土匪甚多。彼於作兵備道時。卽設計勦滅其黨。所殺甚多。四年前。得病甚重。一合眼卽見在黑屋中。其屋甚大。又甚黑。其鬼無數。皆來逼迫。遂卽驚醒。久則復合眼。其境仍如是。復驚醒。三晝夜不敢合眼。其人已奄奄一息。其妻因諭之曰。你如此只麼樣好。你念南無阿彌陀佛。巴念佛總會好。鐵珊一聞此言。遂拌命念。未久。卽睡著。遂睡一大覺。了無境界可得。而病亦漸漸痊癒矣。因長齋念佛。鐵珊前年與陳錫周來山。親與光說耳。設閣下當此境。爲先知佛之虛實而後念耶。爲一聞卽念耶。若此時不暇究虛實而卽念。則現在何得拌前人與人示虛實之言論事迹。概指爲妄。唯求於仲援救此徜恍迷離之心境。而欲涕泣求之耶。富貴尙能如敝屣。何不以執著亦作敝屣。淨盡棄之乎。汝將謂此知見爲入道之門耶。不知乃墮阿鼻地獄之達道也。以夢喻佛者。妄心爲因。夢境爲果。喻念佛爲因。往生見佛爲果。何可以金剛六喻爲證。夫世間語言文字。雖是一字一事。不妨尊卑並詮。美惡兼訓。卽如子之二字。稱夫子亦好單用。稱平人亦好單用。稱兒子亦好單用。必須以文定義。斷不能將稱夫子者。亦作兒子訓也。佛國爲夢境。須待閣下成佛以後說。

此刻就說，則唯損無益矣。【書二】二七

●事、理、性、相、空、有、因、果，混而不分。但可學愚夫愚婦，顓蒙念佛，須致恭致敬，唯誠唯懇。久而久之，業消智朗，障盡福崇。此種疑心，徹底脫落。則佛之有無，己之有無，入佛之門徑，彼岸之確據，何待問人。若不專心致志念佛，而于別人口裏討分曉，亦與看金剛經而不知實相，看淨土文，西歸直指，而不生信心。以業障於心，不能領會。如盲覩日，日固在天，覩固在眼，其不見光相，與未覩時無異也。倘復其明，則一覩即見光相矣。念佛一法，乃復明之最切要法。欲見實相之相，當竭誠於此法，必有大快所懷之時矣。眞我欲親見，非大徹大悟不可。欲證，非斷惑證眞不可。欲圓證，非三惑淨盡，二死永亡不可。若論所在，則閣下之長劫輪迴，及現今之違理致詰，皆承眞我之力而爲之。以背覺合塵，故不得眞實受用。譬如演若之頭，衣裏之珠，初未嘗失，妄生怖畏，妄受窮困耳。【書二】二七

●世間所有，若根身，（即吾人之身）若世界，（即現所住之天地）皆由衆生生滅心中同業、（世界）別業、（根身）所感。皆有成壞。皆不久長。身則有生、老、病、死，界則有成、住、壞、空。所謂物極必反，樂極生悲者，此也。以因既是生滅，果亦不能不生滅也。極樂世界，乃阿彌陀佛徹證自心本具之佛性，隨心所現不思議稱性莊嚴之世界。故其樂無有窮盡之時期。譬如虛空，寬廓廣大，包含一切森羅萬象。世界雖

數數成，數數壞，而虛空畢竟無所增減。汝以世間之樂，斷極樂之樂。極樂之樂汝未能見。虛空，汝雖未能全見，當天地之間之虛空，汝曾見過改變否。須知一切衆生皆具佛性，故佛（指釋迦佛）令人念佛求生西方，以仗阿彌陀佛之大慈悲願力，亦得受用此不生不滅之樂。以根身則蓮華化生，無生、老、病、死、之苦，世界則稱性功德所現，無成、住、壞、空、之變。雖聖人亦有所不知，況以世間生滅之法疑之乎。【書二】六二

●淨土法門者，如來徹底悲心，普度衆生之法門也。令彼無力斷惑，具縛凡夫，信願持名，現生了脫，與觀音、勢至、同爲伴侶。上而至於等覺菩薩，位鄰佛果，尚須往生，方成正覺。至頓至圓，徹上徹下，超越一代時教所說一切法門。以故當佛說彌陀經時，六方諸佛，出廣長舌，一音讚歎，稱爲不可思議功德一切諸佛所護念經。又謂，我釋迦世尊，能爲甚難希有之事。而我世尊自敘宿因，謂我於五濁惡世，行此難事，得證菩提，爲一切世間說此難信之法，是爲甚難。令其聞者，信受奉行，以究竟暢己出世之本懷而已。然此法門，甚深難測。雖經諸佛本師交相勸信，而世之疑者，猶復甚多。不但世智凡情不信，即深通宗教之知識，猶或疑之。不但知識不信，即已證眞諦，業盡情空之聲聞、緣覺，猶或疑之。不但小聖不信，即權位菩薩，猶或疑之。即法身大士，雖能諦信，尚不能窮源徹底。良以此之法門，以果覺爲因心，全體是佛境界。唯佛與佛，乃能究

蟄。非彼諸人智所能知故也。我輩凡夫仰信佛言。依教奉行。自獲實益。若得聞此不思議法門。便是多劫深種善根。況信受奉行乎哉。【序】九

●華嚴一經。王于三藏。乃如來初成正覺。爲界外四十一位法身大士所說一生成佛之法。其一生成佛之歸宗結頂。究竟實義。在於以十大願王。回向往生西方極樂世界。以期圓滿佛果。夫善財所證。已得與普賢等。與諸佛等。所謂等覺菩薩也。等覺去佛。特一間耳。尙須回向往生。舉華藏世界海諸菩薩。同稟此教。同修此法。豈今之通宗通教者。其根性之利。證入之深。悉能超過此等菩薩乎。千經萬論。處處指歸。往聖前賢。人人趣向。豈此諸經論。皆不足遵依。此諸聖賢皆愚夫愚婦也。一言以蔽之曰。業深障重。未應解脫。故致日用不知。習矣不察而已。【序】一九

●或曰。阿彌陀佛安居極樂。十方世界無量無邊。一世界中念佛衆生。亦復無量無邊。阿彌陀佛。何能以一身一時。普徧接引十方無量無邊世界之一切念佛衆生乎。答。汝何得以凡夫知見。推測佛境。姑以喩明。使汝惑滅。一月麗天。萬川影現。月何容心哉。夫天只一月。而大海大江。大河小溪。悉現全月。卽小而一勺一滴水中。無不各現全月。且江河之月。一人看之。則有一月當乎其人。百千萬億人。於百千萬億處看之。則無不各有一月當乎其人。若百千萬億人。各向東西南北而行。則月亦於所行之處。常當其人。相去之處。了無遠近。若百千萬億人。安住不動。

則月亦安住不動。常當其人也。唯水清而靜則現。水濁而動則隱。月固無取捨。其不現者。由水昏濁奔騰。無由受其影現耳。衆生之心如水。阿彌陀佛如月。衆生信願具足。至誠感佛。則佛應之。如水清月現也。若心不清淨。不至誠。與貪瞋癡相應。與佛相背。如水濁而動。月雖不遺照臨。而不能昭彰影現也。月乃世間色法。尚有如此之妙。況阿彌陀佛。煩惑淨盡。福慧具足。心包太虛。量周法界者乎。故華嚴經云。佛身充滿于法界。普現一切羣生前。隨緣赴感靡不周。而恆處此菩提座。故知徧法界感。徧法界應。佛實未曾起心動念。有來去相。而能令緣熟衆生。見其來此接引以往生西方也。懷此疑者。固非一二。因示大意。令生正信云。【序】四一

●須知淨土法門。正攝上上根人。是以善財已證等覺。普賢菩薩。猶令以十大願王。回向往生。以期圓滿佛果。且以此普勸華藏海衆。是知回向往生淨土一法。乃圓滿佛果之末後一著也。世有狂人。不審教理。以愚夫愚婦皆能修習。遂謂之爲小乘而藐視之。不知其爲華嚴一生成佛之成始成終第一法門也。亦有愚人。知見狹劣。謂己工夫淺薄。業力深厚。何能卽生。不知衆生心性。與佛無二。五逆十惡。將墮地獄。遇善知識。教以念佛。或滿十聲。或止數聲。隨卽命終。尚得往生。觀經所說。何可不信。彼尚往生。況吾人雖有罪業。雖少工夫。校彼五逆十惡。十聲數聲。當復高超多多矣。何可自暴自棄。以致失此無上利益也。如來稱此淨土法門爲難信之法者。

以其下手易而成功高，用力少而得效速。其圓頓直捷，廣大簡易，超出一代通途教理之上。非宿有善根，決難信受奉行也。吾常曰，九界衆生離斯門，上不能圓成佛道；十方諸佛捨此法，下不能普利群萌。蓋紀實也。【序】五三

●淨土法門，三根普被。正接上上根器，旁引中下之流。愚人每每鬪爲淺近小乘，總因未閱大乘經論，未親具眼通人。以己顚倒執著之心，測度如來原始要終之道，如盲覩日，如聾聽雷。彼固不見不聞，宜其妄相評論也。須知信願念佛一法，乃如來普度衆生徹底悲心之所宜說。唯觀音、勢至、文殊、普賢等菩薩，能究竟擔荷。彼見愚夫愚婦皆能念佛，便目之爲淺近小乘，是何異見小星懸空而小天，小蟲行陸而小地耶。若於此法，能生信向，即是多劫深種善根。若能以深信願持佛名號，都攝六根，淨念相繼，則即凡夫心，成如來藏。如染香人，身有香氣。現在與佛氣分相接，臨終有不感應道交，蒙佛接引者乎。【雜著】四三

丙　勉具足信願

●縱令恪修五戒、十善，得人天身。然人間福樂，乃墮落之根本。天上雖不比人間煩惑猛和，然天福一盡，決定下生。由宿福未盡，故享福。由享福，故造業。既造業已，則墮落惡道，直在瞬息間耳。況有由天命終，承宿世惡業已熟之力，直墮惡道者乎。故古德以修行之人，若無正念修持

淨業。唯得人天福報者。名爲第三世怨。法華經云。三界無安。猶如火宅。衆苦充滿。甚可怖畏。知好歹者。當以急求出離。企得安隱。爲上計也。【序】一一

●念佛一法。乃仗佛力出三界生淨土耳。今既不發願。亦豈有信。有眞信者。必有切願。信願全無。但念佛名。仍屬自力。以無信願。故不能與彌陀宏誓。感應道交。若見思惑盡。或可往生。若全未斷。及斷未淨盡。則業根尚在。何能卽出輪迴。五祖戒草堂靑等。卽是確證。須知去卻信願念佛。與宗家之參究無異。若得往生。則因果不相符契矣。蕅益云。得生與否。全由信願之有無。品位高下。全由持名之深淺。乃鐵案也。【書一】九

●平生絕無信願者。臨終決定難仗佛力。旣云善惡俱時頓現。且無論阿彌陀佛四字不現者。不得往生。卽現。亦不得往生。何以故。以不願生故。以不求佛。因不得蒙佛接引故。華嚴經云。假使惡業有體相者。十方虛空不能容受。古德云。如人負債。強者先牽。心緒多端。重處偏墜。今善惡皆現。由無信願。便不能奈惡業何矣。須知仗自力。則惡業有一絲毫。便不能出離生死。況多乎哉。又無信願。念至一心。無量無邊之中。或可有一二往生。決不可以此爲訓。以斷天下後世一切人往生淨土之善根。何以故。以能仗自力。念至業盡情空。證無生忍者。舉世少有一二。倘人各依此行持。置信願而不從事。則芸芸衆生。永居苦海。無由出離。皆此一言爲之作俑也。而

其人猶洋洋得意。以爲吾言甚高。而不知其爲斷佛慧命。疑誤衆生之狂言也。哀哉。（世間善業。不出輪迴。若對信願具足之往生淨業。則彼善業。仍屬惡業。）淨土一法。須另具隻眼。不得以常途教義相例。使如來不開此法。則末世衆生之了生死者。不可得而見之矣。【書一】十

●常須發決定心。臨終定欲往生西方。且莫說碌碌庸人之身。不願更受。即爲人天王身。及出家爲僧。一聞千悟。得大總持。大宏法化。普利衆生之高僧身。亦視之若荼毒罪藪。決定不生一念欲受之心。如是決定。則己之信願行。方能感佛。佛之誓願。方能攝受。感應道交。蒙佛接引。直登九品。永出輪迴矣。【書一】二十

●須知西方極樂世界。莫說凡夫不能到。即小乘聖人亦不能到。以彼係大乘不思議境界故也。小聖回心向大。即能到。凡夫若無信願感佛。縱修其餘一切勝行。幷持名勝行。亦不能往生。是以信願最爲要緊。蕅益云。得生與否。全由信願之有無。品位高下。全由持名之深淺。乃千佛出世不易之鐵案也。能信得及。許汝西方有分。【書一】二一

●若論念佛法門。唯以信、願、行、三法爲其宗要。三法具足。決定往生。若無眞信、切願。縱有眞行。亦不能生。況悠悠泛泛者哉。蕅益所謂得生與否。全由信願之有無。品位高下。全由持名之深淺。乃三世不易之常談。三根普被之妙道也。宜通身靠倒。庶親證實益耳。信、願、行、三十要中皆

悉詳示。而第一要。彌陀要解五重玄義中第三明宗。發揮三法。最爲精詳。其後節節段段皆有指示。宜細參閱此不備書。【書一】三三

●欲生西方。最初須有眞信切願。若無眞信切願。縱有修行。不能與佛感應道交。只得人天福報。及作未來得度之因而已。若信願具足。則萬不漏一。永明所謂萬修萬人去者。指信願具足者言也。【書一】三五

●舉凡禮拜讀誦大乘經典。及作一切於世於人有益之事。悉皆以此回向西方。不可唯以念佛回向西方。其餘功德。另去回向世間福報。則念不歸一。便難往生。須知眞能念佛。不求世間福報。而自得世間福報。（如長壽無病。家門清泰。子孫發達。諸緣如意。萬事吉祥等。）若求世間福報。不肯回向往生。則所得世間福報。反爲下劣。而心不專一。往生便難決定矣。【書一】二六

●念佛人。但能眞切念佛。自可仗佛慈力。免彼刀兵水火。即宿業所牽。及轉地獄重報。作現生輕報。偶罹此殃。但於平日有眞切信願。定於此時蒙佛接引。若夫現證三昧。固已入於聖流。自身如影。刀兵水火。皆不相礙。縱現遇災。實無所苦。而茫茫世界。曾有幾人哉。【書一】四十

●願離娑婆。如獄囚之冀出牢獄。願生極樂。如窮子之思歸故鄉。若其未生淨土以前。縱令授以人天王位。亦當視作墮落因緣。了無一念冀慕之想。即來生轉女爲男。童眞出家。一聞千悟。

得大總持。亦當視作紆曲修途。了無一念希望之心。唯欲臨命終時。蒙佛接引。往生西方。既得往生。則了生脫死。超凡入聖。位居不退。忍證無生。回視人天王等及出家爲僧。不知淨土。修餘法門。歷劫辛勤。莫由解脫者。如螢火之與杲日。蟻垤之與泰山矣。可勝悲哉。可勝悼哉。以故修淨土人。斷斷不可求來生人天福樂。及來生出家爲僧等。若有絲毫求來生心。便非眞信切願。便與彌陀誓願間隔。不能感應道交。蒙佛接引。以此不可思議殊勝妙行。竟作人天有漏福因。而況享福之時。必造惡業。既造惡業。難逃惡報。如置毒於醍醐之中。便能殺人。不善用心者。其過如是。必須徹底斬斷此等念頭。庶淨土全益。通身受用矣。【書一】五二

●縱壽百年。彈指卽過。一息尚存。當求出路。毋使臨終。悔之無及。每憶經云。人身難得。中國難生。佛法難遇。信心難生。四者幸備。尤當努力。如登寶山。要得摩尼。良以在凡夫地。未斷惑業。生死不了。難免墮落。故如來極勸衆生。發眞信心。及切願心。持佛名號。求生淨土。當以供養三寶。守戒一生。一切所作種種功德。不求來生人天福報。不求現世長壽康寧。唯求臨終往生淨土。則與佛誓願相契。相合感應道交。定滿所願。如人墮海。有船來救。若肯上船。卽登彼岸。求人天福。不求往生。如不上船。難免沈溺。佛欲令汝超凡入聖。汝卻願得有漏之福。福報一盡。永墮三途。如摩尼珠用彈黃雀。所得者少。所失者多。可不惜哉。宜警省焉。【書一】五九

●若欲此生親得實益。當依淨土法門。信願念佛。求生西方。則可決定了生脫死。若不依念佛法門。且莫說未得佛教之眞傳者不能了。卽得亦不能了。何以故。以得眞傳。乃大徹大悟。非是實證。證則可了。悟則未了。修餘法門。皆須斷惑證眞。方了生死。淨土法門。但具眞信切願。持佛名號。諸惡莫作。衆善奉行。正助合行。不但決定往生。而且品位優勝。不但精粹純篤之人。決定往生。卽五逆十惡之流。臨終能生大慚愧。生大怖畏。志心念佛數聲。隨卽命終者。亦得決定往生。以佛慈廣大。專以度生爲事。一念回光。卽蒙攝受。所謂仗佛慈力。帶業往生也。末世衆生。不依淨土。修餘法門。但得人天福報。及作未來得度之因緣而已。以無力斷惑。則生死根尙在。何能不發生死之苗芽乎哉。【書二】十八

●念佛之法。重在信願。信願眞切。雖未能心中淸淨。亦得往生。何以故。以志心念佛爲能感。故致彌陀卽能應耳。如江海中水。未能了無動相。但無狂風巨浪。則中天明月。卽得了了影現矣。感應道交。如母子相憶。彼專重自力。不仗佛力者。由于不知此義故也。【書二】四八

●約通途教道。在凡夫地。欲了生死。大非易事。若約信願念佛。求生淨土之特別法門。則卽於現生。悉得了脫。果具眞信切願。萬中決不漏一。末世衆生。唯此一法。堪爲恃怙。以故法運愈晚。此法愈當機。善知識提倡愈切。而眞實修持。得遂往生之證驗。時有所見。【雜著】十六

●淨土法門，以信願行三法為宗。有信願，無論行之多少淺深、皆得往生。無信願，即到能所兩忘，根塵迴脫之地步，亦難往生。以真證到能所兩忘根塵迴脫之實理，便可自力了生死，則不必論。若但有工夫見此理，尚未實證，若無信願，亦難往生。禪家說淨土，仍歸於禪宗，去信願說，果能依之而做，或可開悟。而未斷惑業，欲了生死，則夢也夢不著。以凡夫往生，由信願感佛，故能仗佛慈力，帶業往生。今既不生信願，又將佛及土一一說歸自心，何由感佛。感應不符，則生自生，佛自佛。以橫超法，作豎出用，其得益淺而受損深，不可不知。得益者，依彼所說，或能開悟。受損者，既去信願，則無由仗佛慈力，吾故曰：真修淨土人，用不得禪家開示，以法門宗旨不同故。【書二】五十

三　示修持方法

甲　示念佛方法

●既有真信切願，當修念佛正行，以信願為先導，念佛為正行。信願行三，乃念佛法門宗要。有行無信願，不能往生。有信願無行，亦不能往生。信願行三具足無缺，決定往生。得生與否，全由信願之有無，品位高下，全由持名之深淺。言念佛正行者，各隨自己身分而立，不可定執一法。如其身無事累，固當從朝至暮，從暮至朝，行住坐臥，語默動靜，穿衣喫飯，大小便利，一切時一

切處。令此一句洪名聖號。不離心口。若盥漱清淨。衣冠整齊。及地方清潔。則或聲或默。皆無不可。若睡眠。及裸露澡浴大小便時。及至穢汙不潔之處。只可默念。不宜出聲。默念功德一樣。出聲便不恭敬。勿謂此等時處。念不得佛。須知此等時處。出不得聲耳。又睡若出聲。非唯不恭。且致傷氣。不可不知。【書一】二五

●雖則長時念佛。無有間斷。須於晨朝向佛禮拜畢。先念阿彌陀經一徧。往生咒三徧。畢。卽念阿彌陀佛身金色。八句讚佛偈。念偈畢。念南無西方極樂世界。大慈大悲。阿彌陀佛。隨卽但念南無阿彌陀佛六字。或一千聲。或五百聲。當圍繞念。若不便繞。或跪、或坐、或立、皆可。念至將畢。歸位跪念觀音。勢至。清淨大海眾菩薩。各三稱。然後念淨土文。發願回向往生。念淨土文者。令依文義而發心也。若心不依文而發。則成徒設虛文。不得實益矣。淨土文畢。念三歸依。禮拜而退。此爲朝時功課。暮亦如之。若欲多多禮拜者。或在念佛歸位之時。則拜佛若干拜。九稱菩薩。卽作九禮。禮畢。卽發願回向。或在功課念畢禮拜。隨己之便。皆無不可。但須懇切至誠。不可潦草粗率。蒲團不可過高。高則便不恭敬。若或事務多端。略無閒暇。當於晨朝盥漱畢。有佛則禮佛三拜。正身合掌念南無阿彌陀佛。盡一口氣爲一念。念至十口氣。卽念小淨土文。或但念願生西方淨土中四句偈。念畢。禮佛三拜而退。若無佛。卽向西問訊。照上念法而念。此名十念法

門。乃宋慈雲懺主。爲王臣政務繁劇。無暇修持者所立也。何以令盡一口氣念。以衆生心散。又無暇專念。如此念時。借氣攝心。心自不散。然須隨氣長短。不可强使多念。强則傷氣。又止可十念。不可二十三十。多亦傷氣。以散心念佛。難得往生。此法能令心歸一處。一心念佛。決定往生。念數雖少。功德頗深。極閒極忙。旣各有法。則半閒半忙者。自可各就其間斟酌而爲修持法則也。【書一】二五

●念佛一法。乃背塵合覺。返本歸元之第一妙法。於在家人分上。更爲親切。以在家人。身在世網。事務多端。攝心參禪。及靜室誦經等。或勢不能爲。或力不暇及。唯念佛一法。最爲方便。早晚於佛前隨分隨力。禮拜持念。回向發願。除此之外。行住坐臥。語默動靜。穿衣喫飯。一切時。一切處。皆好念。但於潔淨處。恭敬時。或出聲。或默念。皆可。若至不潔淨處。(如登廁等)或不恭敬時。(如睡眠洗浴等)但宜默念。不宜出聲。非此時處不可念也。睡出聲念。不但不恭敬。又且傷氣。久則成病。默念功德與常時一樣。所謂念茲在茲。造次必於是。顚沛必於是也。【書一】十四

●欲心不貪外事。專念佛。不能專。要他專。不能念。要他念。不能一心。要他一心等。亦無奇特與妙法。則但將一箇死字。貼到額顱上。挂到眉毛上。心常念曰。我某人從無始來。直至今生。所作惡業。無量無邊。假使惡業有體相者。十方虛空。不能容受。宿生何幸。今得人身。又聞佛法。若不

一心念佛求生西方。一氣不來。定向地獄鑊湯鑪炭劍樹刀山裏受苦。不知經幾多劫。縱出地獄。復墮餓鬼。鬼腹大如海。咽細如鍼。長劫飢虛。喉中火然。不聞漿水之名。難得暫時之飽。從餓鬼出。復爲畜生。或供人騎乘。或充人庖廚。縱得爲人。愚癡無知。以造業爲德能。以修善爲桎梏。不數十年。又復墮落。經塵點劫。輪迴六道。雖欲出離。末由也已。能如是念。如上所求。當下成辦。所以張善和張鍾馗。臨終地獄相現。念佛數聲。即親見佛來接引往生。如是利益。一代時教。百千萬億法門之所無者。吾常曰。九界衆生離此法。上不能圓成佛道。十方諸佛捨此法。下不能普利羣萌者。此之謂也。【書一】十四

●至於念佛。心難歸一。當攝心切念。自能歸一。攝心之法。莫先於至誠懇切。心不至誠。欲攝莫由。既至誠已。猶未純一。當攝耳諦聽。無論出聲默念。皆須念從心起。聲從口出。音從耳入。默念雖不動口。然意地之中。亦仍有相。心口念得清清楚楚。耳根聽得清清楚楚。如是攝心。妄念自息矣。如或猶湧妄波。即用十念記數。則全心力量。施於一聲佛號。雖欲起妄。力不暇及。此攝心念佛之究竟妙法。在昔宏淨土者。尚未談及。以人根尚利。不須如此。便能歸一故耳。光以心難制伏。方識此法之妙。蓋屢試屢驗。非率爾臆說。願與天下後世鈍根者共之。令萬修萬人去耳。所謂十念記數者。當念佛時。從一句至十句。須念得分明。仍須記得分明。至十句已。又須從一句至十句。念不可二

十三十。隨念隨記。不可掐珠。唯憑心記。若十句直記為難。或分為兩氣。則從一至五。從六至十。若又費力。當從一至三。從四至六。從七至十。作三氣念。念得清楚。記得清楚。聽得清楚。妄念無處著腳。一心不亂。久當自得耳。須知此之十念。與晨朝十念攝妄則同。用功大異。晨朝十念。儘一口氣為一念。不論佛數多少。此以一句佛為一念。彼唯晨朝十念則可。若二十三十。則傷氣成病。此則念一句佛。心知一句。念十句佛。心知十句。從一至十。從一至十。縱日念數萬。皆如是記。不但去妄。最能養神。隨快隨慢。了無滯礙。從朝至暮。無不相宜。較彼掐珠記數者。利益天殊。彼則身勞而神動。此則身逸而心安。但作事時。或難記數。則懇切直念。作事既了。仍復攝心記數。則憧憧往來者。朋從於專注一境之佛號中矣。大勢至謂。都攝六根。淨念相繼。得三摩地。斯為第一。利根則不須論。若吾輩之鈍根。捨此十念記數之法。欲都攝六根。淨念相繼。大難大難。又須知此攝心念佛之法。乃卽淺卽深。卽小卽大之不思議法。但當仰信佛言。切勿以己見不及。遂生疑惑。致多劫善根。由茲中喪。不能究竟親獲實益。為可哀也。掐珠念佛。唯宜行住二時。若靜坐養神。由手動故。神不能安。久則受病。此十念記數。行住坐臥。皆無不宜。臥時。只宜默念。不可出聲。若出聲。一則不恭。二則傷氣。切記切記。【書一】二二

●既有眞信切願。必須志心執持南無阿彌陀佛六字聖號。無論行住坐臥。語默動靜。穿衣喫

飯。及大小便利等。總不離此六字洪名（或四字持。亦可。）必須令其全心是佛。全佛是心。心佛不二。心佛一如。若能念茲在茲。念極情忘。心空佛現。則於現生之中。便能親證三昧。待至臨終。生上上品。可謂極修持之能事也已。【書一】五二

●念佛時。各隨所宜。今叢林念佛堂。皆先念彌陀經。經完。念往生呪。或三徧。或一徧。然後舉念佛偈。至偈畢。接念南無西方極樂世界大慈大悲阿彌陀佛。即繞念。須從東至南。至西至北繞。此爲順從。爲隨喜。順從有功德。西域最重圍繞。此方亦與禮拜均行。若從東至北。至西。至南。則是反繞。有罪過。不可不知。繞念一半。即坐默念。約一刻。又出聲念。念畢。跪念佛十聲。觀音、勢至、清淨大海衆。各三聲。然後念發願文。在家人。恐室小。難繞。則立、跪、坐、念皆可。但須按己精神而定。不必令他人爲立法則也。【書二】三二

●念佛雖貴心念。亦不可廢口誦。以身口意三。互相資助。若心能憶念。身不禮敬。口不持誦。亦難得益。世之舉重物者。尚須以聲相助。況欲攝心以證三昧者乎。所以大集經云。大念見大佛。小念見小佛。古德謂。大聲念。則所見之佛身大。小聲念。則所見之佛身小耳。而具縛凡夫。心多昏散。若不假身口禮誦之力。則欲得一心。末由也已。【書一】九

●善導和尚。係彌陀化身。有大神通。有大智慧。其宏闡淨土。不尚玄妙。唯在眞切平實處。教人

修持。至於所示專雜二修。其利無窮。專修謂身業專禮。（凡圍繞，及一切處身不放逸，皆是。）口業專稱。（凡誦經呪，能志心回向，亦可名專稱。）意業專念。如是則往生西方萬不漏一。雜修謂兼修種種法門回向往生。以心不純一故難得益。則百中希得一二。千中希得三四往生者。此金口誠言千古不易之鐵案也。【書一】三六

●發願文。文雖宏大。然須真實從心而發。方名為願。否則心口相違。何名為願。現世之願雖亦無妨。欲生福慧子孫。須從大積陰德廣行方便中求。【書一】十七

●念佛回向。不可偏廢。回向即信願之發於口者。然回向祇宜早夜課畢。及日中念佛誦經畢後行之。念佛當從朝至暮不間斷。其心中但具願生之念。即是常時回向。若夫依儀誦文回向。固不得常常如是。諸大乘經。經經皆令諸眾生直成佛道。但恨人之不誠心念誦。致不得其全益耳。【書一】四二

●日用之中。所有一絲一毫之善。及誦經禮拜種種善根。皆悉以此功德。回向往生。如是則一切行門。皆為淨土助行。猶如聚塵而成地。聚流而成海。廣大淵深。其誰能窮。然須發菩提心。誓願度生。所有修持功德。普為四恩三有法界眾生回向。則如火加油。如苗得雨。既與一切眾生深結法緣。速能成就自己大乘勝行。若不知此義。則是凡夫二乘自利之見。雖修妙行。感果卑劣矣。【書一】五二

●發願。當於朝暮念佛畢時。（晨朝十念。亦先念佛。後發願。）或用小淨土文。若身心有暇。宜用蓮池大師新定淨土文。此文詞理周到。爲古今冠。須知發願讚文。乃令依文發願耳。非以讀文一徧。卽爲發願也。【書一】六八

●每日功課回向。一一當與法界衆生。若此功課爲此。彼功課爲彼。亦非不可。然必又有普回向之願。方爲與三種回向相合。三種回向者。一回向眞如實際。心心契合。二回向佛果菩提。念念圓滿。三回向法界衆生。同生淨土。人各有志。人各有業。（業。謂職業。）但隨緣隨分卽可。不必與一切人皆同也。【書二】六

乙　明對治習氣

●念佛欲得一心。必須發眞實心。爲了生死。不爲得世人謂我眞實修行之名。念時。必須字字句句。從心而發。從口而出。從耳而入。一句如是。百千萬句亦如是。能如是。則妄念無由而起。心佛自可相契矣。又須善於用心。勿致過爲執著。或致身心不安。或致起諸魔事。都攝六根。淨念相繼。依此而行。決無歧誤。【書一】六六

●念佛時。不能懇切者。不知娑婆苦。極樂樂耳。若念人身難得。中國難生。佛法難遇。淨土法門更爲難遇。若不一心念佛。一氣不來。定隨宿生今世之最重惡業。墮三途惡道。長劫受苦。了無

出期。如是。則思地獄苦。發菩提心。菩提心者。自利利他之心也。此心一發。如器受電。如藥加硫。其力甚大。而且迅速。其消業障。增福慧。非平常福德善根之所能比喻也。【書一】七四

●念佛要時常作將死。將墮地獄想。則不懇切亦自懇切。不相應亦自相應。以怖苦心念佛。卽是出苦第一妙法。亦是隨緣消業第一妙法。【書二】五

●治習之心。唯勤唯切。而消習之效。未得未見。其故何也。蓋以生死心不切。而只將此超凡入聖。消除惑業。成就淨念。作口頭活計。故無實效也。倘知人身難得。佛法難聞。淨土法門更爲難聞。今幸得此大丈夫身。又聞最難聞之淨土法門。敢將有限光陰。爲聲色貨利消耗殆盡。令其仍舊虛生浪死。仍復沈淪六道。求出無期者乎。直須將一箇死字。（此字好得很。）掛到額顱上。凡不宜貪戀之境現前。則知此吾之鑊湯鑪炭也。則斷不至如飛蛾赴火。自取燒身矣。凡分所應爲之事。則知此吾之出苦慈航也。則斷不至當仁固讓。見義不爲矣。如是。則塵境卽可作入道之緣。豈必屏絕塵緣。方堪修道乎。蓋心有所主。不隨境轉。則卽塵勞爲解脫。所以金剛經屢屢令人心不住相。發心度盡一切衆生。而不見能度之我。所度之人與衆生。幷所得之無餘涅槃之壽者相。方爲眞行菩薩道。若見有我爲能度。生爲所度。及無餘涅槃之所度法者。雖則度生。實於一乘實相之道。未能相契。以不了衆生當體是佛。佛性平等平等。妄起凡情聖解。致無爲利益。

成有為功德矣。何況聲色貨利，貪戀黏著乎哉。【書二】十六

●念佛，不能純一，必須制心不令外馳，久久自會純一。成片者，純一無雜之謂也。【書二】三二

●初心念佛，未到親證三昧之時，誰能無有妄念。所貴心常覺照，不隨妄轉。喻如兩軍對壘，必須堅守己之城郭，不令賊兵稍有侵犯。候其賊一發，作卽迎敵去打。必使正覺之兵，四面合圍。俾彼上天無路，入地無門。彼自懼遭滅種，卽相率歸降矣。其最要一著，在主帥不昏不惰，常時惺惺而已。若一昏惰，不但不能滅賊，反為賊滅。所以念佛之人，不知攝心，愈念愈生妄想。若能攝心，則妄念當漸漸輕微，以至於無耳。故云，學道猶如守禁城，晝防六賊夜惺惺，將軍主帥能行令，不動干戈定太平。【書二】四十

●念佛心不歸一，由於生死心不切。若作將被水衝火燒，無所救援之想。及將死，將墮地獄之想。則心自歸一，無須另求妙法。故經中屢云，思地獄苦，發菩提心。此大覺世尊最切要之開示。惜人不肯眞實思想耳。地獄之苦，比水火之慘，深無量無邊倍。而想水衝火燒則悚然，想地獄則泛然者。一則心力小，不能詳悉其苦事。一則親眼見不覺毛骨悚然耳。【書二】四一

●念佛，亦養氣調神之法，亦參本來面目之法。何以言之。吾人之心，常時紛亂，若至誠念佛，則一切雜念妄想，悉皆漸見消滅。消滅，則心歸於一。歸一，則神氣自然充暢。汝不知念佛息妄，且

試念之。則覺得心中種種妄念皆現。若念之久久。自無此種妄念。其最初覺有妄念者。由於念佛之故。方顯得心中之妄念。不念佛則不顯。譬如屋中清淨無塵。窗孔中透進一綫日光。其塵不知有多少。屋中之塵。由日光顯。心中之妄。由念佛顯。若常念佛。心自清淨。孔子慕堯舜周公之道。念念不忘。故見堯於羹。見舜於牆。見周公於夢。此常時憶念與念佛何異。佛以衆生之心口由煩惱惑業致成染汙。以南無阿彌陀佛之洪名聖號。令其心口稱念。如染香人身有香氣。念之久久。業消智朗。障盡福崇。自心本具之佛性。自可顯現。【書二】六四

●若夫妄念滿腔。憧憧往來。朋從爾思。由未眞提正念故也。倘正念眞切。則朋從於專注一境之正念矣。所謂調御得法。卽寇賊皆爲赤子。調御失道。雖手足亦作怨家。在凡夫地。誰無煩惱。須於平時預先隄防。自然遇境逢緣。不至卒發。縱發亦能頓起覺照。令其消滅。起煩惱境。不一而足。舉其甚者。唯財色與橫逆數端而已。若知無義之財。害甚毒蛇。則無臨財苟得之煩惱。與人方便。究竟總歸自己前程。則無窮急患難求救。由惜財而不肯之煩惱。色則縱對如花如玉之貌。常存若姊若妹之心。縱是娼妓。亦作是想。生憐憫心。生度脫心。則無見美色而動慾之煩惱。夫婦相敬如賓。視妻妾爲相濟繼祖之恩人。不敢當作彼此行樂之欲具。則無徇欲滅身。及妻不能育。子不成立之煩惱。子女從小教訓。則無忤逆親心。敗壞門風之煩惱。至於橫逆一端。

須生憐憫心。憫彼無知。不與計校。又作自己前生曾惱害過彼。今因此故。遂還一宿債。生歡喜心。則無橫逆報復之煩惱。然上來所說。乃俯順初機。若久修大士。能了我空。則無盡煩惱。悉化爲大光明藏。譬如刀以磨利。金以煉純。蓮因淤泥滋培。方得清淨光潔。〔書一〕二一

●君子之學爲己。乃念念叩己而自省耳。夢覺一如。唯功夫到家者方能。但於覺時操持。久之。夢中自能無大走作矣。〔書一〕四三

●學道之人。道念重一分。則凡情輕一分。此必然之勢也。然未斷惑之人。常須努力。若一放縱。舊病定至復發。見思惑斷盡者。纔好任運騰騰。無須制束攝持也。〔書一〕四九

●貪瞋癡心。人人皆有。若知彼是病。則其勢便難熾盛。譬如賊入人家。家中主人。若認做家中人。則全家珍寶。皆被彼偷竊淨盡。若知是賊。不許彼在自家中停留一刻。必須令其遠去淨盡。庶財寶不失。而主人安泰矣。古德云。不怕念起。只怕覺遲。貪瞋癡一起。立卽覺了。則立卽消滅矣。若以貪瞋癡爲自家正主。則如認賊爲子。其家財寶。必致消散矣。〔書一〕七四

●被境所轉。係操持力淺。則喜怒動於中。好惡形於面矣。操持者。卽涵養之謂也。若正念重。則餘一切皆輕矣。是以眞修行人。於塵勞中煉磨煩惱習氣。必使漸漸消滅。方爲實在工夫。〔書一〕七四

●其於對治自心之煩惱習氣。置之不講。則由有外行。內功全荒反因之生我慢。自以功利爲德。則所損多矣。譬如喫飯。須有菜蔬佐助。亦如身體。必用衣冠莊嚴。何於長途修行了生死之道。但欲一門深入而盡廢餘門也。一門深入。盡廢餘門。唯打七時方可。平時。若非菩薩再來。斷未有不成懈慢之弊者。以凡夫之心。常則生厭故也。天之生物。必須晴雨調停。寒暑更代。方能得其生成造化之實際。使常雨常晴。常寒常暑。則普天之下。了無一物矣。況吾儕心如猿猴。不以種種法對治。而欲彼安於一處。不妄奔馳者。甚難甚難。人當自諒其力。不可偏執一法。亦不可漫無統緒。【書二】九

●向外馳求。不知返照回光。如是學佛。殊難得其實益。孟子曰。學問之道無他。求其放心而已矣。汝學佛而不知息心念佛。於儒教尚未實遵。況佛教乃真實息心之法乎。觀世音菩薩。反聞聞自性。大勢至菩薩。都攝六根。淨念相繼。金剛經。應無所住。而生其心。不住色聲香味觸法而行布施。乃至萬行。心經。照見五蘊皆空。皆示人即境識心之妙法也。若一向專欲博覽。非無利益。奈業障未消。未得其益。先受其病矣。【書二】三一

●作事時不能念茲在茲者。以未到一心不亂境界。則心無二用。難免間隔。苟能常存覺照。亦無所礙。【書二】三二

●色欲一事、乃舉世人之通病。不特中下之人，被色所迷。卽上根之人，若不戰兢自持，乾惕在念，則亦難免不被所迷。試觀古今來多少出格豪傑，固足爲聖爲賢。祇由打不破此關反爲下愚不肖，兼復永墮惡道者，亦難勝數。楞嚴經云，若諸世界六道衆生，其心不淫，則不隨其生死相續。汝修三昧，本出塵勞。淫心不除，塵不可出。學道之人，本爲出離生死。苟不痛除此病，則生死斷難出離。卽念佛法門，雖則帶業往生。然若淫習固結，則便與佛隔，難於感應道交矣。欲絕此禍莫如見一切女人，皆作親想，怨想，不淨想。親想者，見老者作母想，長者作姊想，少者作妹想。幼者作女想。欲心縱盛，斷不敢於母姊妹女邊起不正念。視一切女人，總是吾之母姊妹女。則理制於欲。欲無由發矣。怨想者，凡見美女，便起愛心。由此愛心，便墮惡道，長劫受苦，不能出離。如是，則所謂美麗嬌媚者，比劫賊虎狼，毒蛇惡蠍，砒霜鴆毒，烈百千倍。於此極大怨家，尚猶戀戀著念，豈非迷中倍人。不淨者，美貌動人，只外面一層薄皮耳。若揭去此皮，則不忍見矣。骨肉膿血。屎尿毛髮，淋漓狼藉，了無一物可令人愛。但以薄皮所蒙，則妄生愛戀。華瓶盛糞，人不把玩。今此美人之薄皮，不異華瓶。皮內所容，比糞更穢。何得愛其外皮，而忘其皮裏之種種穢物。漫起妄想乎哉。苟不戰兢乾惕，痛除此習。則唯見其姿質美麗，致愛箭入骨，不能自拔。平素如此，欲其殁後不入女腹，不可得也。入人女腹猶可。入畜女腹，則將奈何。試一思及，心神驚怖。

然欲於見境不起染心。須於未見境時。常作上三種想。則見境自可不隨境轉。否則縱不見境。意地仍復纏綿。終被淫欲習氣所縛。固宜認眞滌除惡業習氣。方可有自由分。【書二】三八

●所言俗務糾纏。無法擺脫者。正當糾纏時。但能不隨所轉。則卽糾纏便是擺脫。如鏡照像。像來不拒。像去不留。若不知此義。縱令屏除俗務。一無事事。仍然皆散妄心糾纏堅固不能洒脫。學道之人。必須素位而行。盡己之分。如是則終日俗務糾纏。終日逍遙物外。所謂一心無住。萬境俱閒。六塵不惡。還同正覺者。此之謂也。【書二】四十

●欲令眞知顯現。當於日用云爲。常起覺照。不使一切違理情想。暫萌於心。常使其心。虛明洞徹。如鏡當臺。隨境映現。但照前境。不隨境轉。妍媸自彼。於我何干。來不預計。去不留戀。若或違理情想。稍有萌動。卽當嚴以攻治。勦除令盡。如與賊軍對敵。不但不使侵我封疆。尚須斬將搴旗。勦滅餘黨。其制軍之法。必須嚴以自治。毋怠毋忽。克己復禮。主敬存誠。其器仗須用顏子之四勿。曾子之三省。蘧伯玉之寡過知非。加以戰戰兢兢。如臨深淵。如履薄冰。與之相對。則軍威遠振。賊黨寒心。懼罹滅種之極戮。冀沾安撫之洪恩。從茲相率投降。歸順至化。盡革先心。聿修後德。將不出戶。兵不血刃。舉寇仇皆爲赤子。卽叛逆悉作良民。上行下效。率土淸寧。不動干戈。坐致太平矣。如上所說。則由格物而致知。由致知而克明明德。誠明一致。卽凡成聖矣。其或根

器陋劣、未能收效。當效趙閱道、日之所爲、夜必焚香告帝、不敢告者、卽不敢爲。袁了凡諸惡莫作、衆善奉行、命自我立、福自我求、俾造物不能獨擅其權。受持功過格、凡舉心動念、及所言所行、善惡纖悉皆記、以期善日增而惡日減。初則善惡參雜、久則唯善無惡。故能轉無福爲有福、轉不壽爲長壽、轉無子孫爲多子孫。現生優入聖賢之域、報盡高登極樂之鄉。行爲世則、言爲世法。彼旣丈夫我亦爾、何可自輕而退屈。【序】十五

●設或根機陋劣、未能證入。且約生滅門中、指其趣證之方。旣由迷心逐境、向外馳求、全智慧德相、變成妄想執著。固當唯精唯一、執持彌陀聖號、眞信切願、企其往生西方。持之久久、心佛一如。不離當念、徹證蘊空。妄想執著旣滅、智慧德相亦泯。隨其心淨、則佛土淨。不離當處、冥契寂光。唯此一處、方是吾人究竟安身立命之處。【跋】四

●人生世間、幻住數十年。從有知識以來、日夜營謀、忙忙碌碌、無非爲養身家、做體面、遺子孫而已。推其病根、只因執著有我、不肯放下。其念慮固結、雖佛與之說法、亦莫之能解。而於自己主人公本來面目、則反置之不問。任其隨業流轉、永劫沈淪、可不哀哉。【序】三二

●修行之要、在於對治煩惱習氣。習氣少一分、卽工夫進一分。有修行愈力、習氣愈發者。乃只知依事相修持、不知反照囘光、克除自己心中之妄情所致也。當於平時、預爲提防。則遇境逢

緣。自可不發。倘平時識得我此身心全屬幻妄。求一我之實體實性。了不可得。既無我。何有因境因人。而生煩惱之事。此乃根本上最切要之解決方法也。如不能諦了我空。當依如來所示五停心觀。而爲對治。（五停心者。以此五法。調停其心。令心安住。不隨境轉也。）所謂多貪衆生不淨觀。多瞋衆生慈悲觀。多散衆生數息觀。愚癡衆生因緣觀。多障衆生念佛觀。【雜著】四四

●貪者。見境而心起愛樂之謂。欲界衆生。皆由淫欲而生。淫欲由愛而生。若能將自身他身。從外至內。一一諦觀。則但見垢汗涕唾。髮毛爪齒。骨肉膿血。大小便利。臭同死屍。汙如圊廁。誰於此物而生貪愛。貪愛既息。則心地清淨。以清淨心念佛名號。如甘受和。如白受采。以因地心契果地覺。事半功倍。利益難思。【雜著】四四

●瞋者。見境而心起忿憎之謂。富貴之人。每多瞋恚。以諸凡如意。需使有人。稍一違忤。卽生瞋怒。輕則惡言橫加。重則鞭杖直撲。唯取自己快意。不顧他人傷心。又瞋心一起。於人無益。於己有損。輕亦心意煩躁。重則肝目受傷。須令心中常有一團太和元氣。則疾病消滅。福壽增崇矣。昔阿耆達王。一生奉佛。堅持五戒。臨終因侍人持拂驅蠅。久之昏倦。致拂墮其面。心生瞋恨。隨卽命終。因此一念。遂受蟒身。以宿福力。尚知其因。乃求沙門。爲說歸戒。卽脫蟒身。生於天上。是知瞋習。其害最大。華嚴經云。一念瞋心起。百萬障門開。古德云。瞋是心中火。能燒功德林。欲學

菩薩道。忍辱護瞋心。如來令多瞋衆生作慈悲觀者。以一切衆生。皆是過去父母。未來諸佛。既是過去父母。則當念宿世生育恩德。愧莫能酬。豈以小不如意。便懷憤怒乎。既是未來諸佛。當必廣度衆生。倘我生死不了。尚望彼來度脫。豈但小不如意。不生瞋恚。即喪身失命。亦只生歡喜。不生瞋恨。所以菩薩捨頭目髓腦時。皆於求者。作善知識想。作恩人想。作成就我無上菩提道想。觀華嚴十回向品自知。又吾人一念心性。與佛無二。只因迷背本心。堅執我見。則一切諸緣。皆爲對待。如射侯既立。則衆矢咸集矣。倘能知我心原是佛心。佛心空無所有。猶如虛空。森羅萬象。無不包括。亦如大海。百川衆流。無不納受。如天普蓋。似地均擎。不以蓋擎自爲其德。我若因小拂逆。便生瞋恚。豈非自小其量。自喪其德。雖具佛心理體。其起心動念。全屬凡情用事。認妄爲眞。將奴作主。如是思之。甚可慚愧。若於平時。常作是想。則心量廣大。無所不容。物我同觀。不見彼此。逆來尚能順受。況小不如意。便生瞋恚乎哉。【雜著】四四

●愚癡者。非謂全無知識也。乃指世人於善惡境緣。不知皆是宿業所招。現行所感。妄謂無有因果報應。及前生後世等。一切衆生。無有慧目。不是執斷。便是執常。執斷者。謂人受父母之氣而生。未生之前。本無有物。及其已死。則形既朽滅。魂亦飄散。有何前生。及與後世。此方拘墟之儒。多作此說。執常者。謂人常爲人。畜常爲畜。不知業由心造。形隨心轉。古有極毒之人。現身變

蛇。極暴之人現身變虎。當其業力猛厲。尚能變其形體。況死後生前。識隨業牽之轉變乎。是以佛說十二因緣。乃貫三世而論。前因必感後果。後果必有前因。善惡之報。禍福之臨。乃屬自作自受。非自天降。天不過因其所爲而主之耳。生死循環。無有窮極。欲復本心以了生死者。捨信願念佛求生西方。不可得也。貪瞋癡三。爲生死根本。信願行三。爲了生死妙法。欲捨彼三。須修此三。此三得力彼三自滅矣。數息一觀。可不必用。以當念佛時。攝耳諦聽。其攝心與數息相似。其力用與數息天殊也。念佛一觀。但看印光文鈔。及淨土著述自知。【雜著】四五

●問。若如所云。卽喪身失命。亦只生歡喜。不生瞋恨。設有惡人欲來害己。將不與計校。任彼殺戮乎。答。凡修行人。有凡夫人。有已證法身之菩薩人。又有以維持世道爲主者。有以唯了自心爲主者。若唯了自心。及已證法身之菩薩。則如所云。以物我同觀。生死一如故也。若凡夫人。又欲維持世道。則居心固當如菩薩深慈大悲。無所不容。處事猶須依世間常理。或行捍禦而攝伏之。或以仁慈而感化之。事非一概。其心斷斷不可有毒恚而結怨恨耳。前文所示。乃令人設此假想。消滅瞋恚習氣。此觀若熟。瞋習自滅。縱遇實能害身之境。亦能心地坦然。作大布施。仗此功德。卽生淨土。校彼互相殺戮。長劫償報者。豈不天地懸隔耶。【雜著】四五

●瞋心。乃宿世之習性。今作我已死想。任彼刀割香塗。於我無干。所有不順心之境。作已死想。

則便無可起瞋矣。【書二】六八

●所言瞋心，乃宿世習性。今既知有損無益，宜一切事當前，皆以海闊天空之量容納之。則現在之寬宏習性，卽可轉變宿生之褊窄習性。倘不加對治，則瞋習愈增，其害非淺。至於念佛，必須按自己之精神氣力而爲大聲，小聲，默念，及金剛念（卽有聲，別人聽不見者，持呪家，謂之金剛念。）之準則，何可過猛，以致受病。此過猛之心，亦是欲速之病。今既不能出聲念，豈心中亦不能默念，何可止限十念乎。況臥病在牀，心中豈能一空如洗，了無有念。與其念他事，何若念佛名號之爲愈乎。是宜將要緊事務，交代家人，長時作將死，將墮地獄想，心中不挂一事。於此清淨心中，憶想佛像，及默念佛名，并觀世音菩薩像及名號。果能如是，決定業障消除，善根增長，疾病痊癒，身心康健矣。蓋閣下之病，屬於宿業，因念佛過猛而爲發現之緣，非此病完全係念佛過猛而有。使不念佛，又當因別種因緣而得。世之不念佛者多多，豈皆不得一病，長年康健乎。了此，自可不誤會，謂念佛致病，有損無益也。【書二】六七

●病與魔，皆由宿業所致。汝但能至誠懇切念佛，則病自痊癒，魔自遠離。倘汝心不至誠，或起邪淫等不正之念，則汝之心，全體墮於黑暗之中，故致魔鬼攪擾。汝宜於念佛畢囘向時，爲宿世一切怨家囘向，令彼各沾汝念佛利益，超生善道。此外概不理會，彼作聲也不理會，作怕怖，

不作聲。也不理會作歡喜。但至誠懇切念。自然業障消。而福慧俱皆增長矣。看經典。切不可照今人讀書之毫不恭敬。必須如佛祖聖賢降臨一般。方有實益。汝果能如是。則心地正大光明。彼邪鬼邪神。便無地可安身矣。倘汝心先邪。則以邪招邪。何能令彼遠離不擾也。他心通。鬼神雖有。小而且近。若業盡情空。則猶如寶鏡當臺。有形斯映。汝不至心念佛。而欲研究此之眞相。不知此心。便成魔種。譬如寶鏡。無絲毫塵垢。自會照天照地。汝之心。被塵垢封蔽深固。而欲得此。如塵封深厚之鏡。斷不能發光。或有發者。乃妖光。非鏡光也。此事且置之度外。如墮水火。如救頭然以念佛。則無業魔不消矣。【書二】五四

●學道之人。凡遇種種不如意事。只可向道上會。逆來順受。則縱遇危險等事。當時也不至嚇得喪志失措。已過。則事過情遷。便如昨夢。何得常存在心。致成怔忡之病。汝既欲修行。當知一切境緣。悉由宿業所感。又須知至誠念佛。則可轉業。吾人不做傷天損德事。怕什麼東西。念佛之人。善神護佑。惡鬼遠離。怕什麼東西。汝若常怕。則著怕魔。便有無量劫來之怨家。乘汝之怕心。來恐嚇汝。令汝喪心病狂。用報宿怨。且勿謂我尙念佛。恐彼不至如此。不知汝全體正念歸于怕中。其氣分與佛相隔。與魔相通。非佛不靈。由汝心已失正念。故致念佛不得全分利益耳。祈見光字。痛洗先心。我只一夫一妻。有何可慮。卽使宿業現前。怕之豈能使其消滅。唯其不怕。

故正念存而舉措得當。眞神定而邪鬼莫侵。否則以邪招邪。宿怨咸至。遇事無主。舉措全失矣。可不哀哉。今爲汝計。宜放開懷抱。一切不可以計慮。不可以擔憂。只怕躬行有玷。不怕禍患鬼神。【大雲月刊】

●若病苦至劇。不能忍受者。當于朝暮念佛回向外。專心致志。念南無觀世音菩薩。觀音現身塵剎。尋聲救苦。人當危急之際。若能持誦禮拜。無不隨感而應。卽垂慈佑。令脫苦惱而獲安樂也。【書一】十三

●醫之善者。亦只醫病。不能醫業。卽如子重病腸癰。醫云。非開剖不可。汝四嬸不放心。遂不醫。與德章拚命念佛念金剛經。五日卽癒。此病可謂極大極危險矣。然不醫而五天卽癒。子庠之顚。乃屬宿業。汝四嬸以至誠禮誦。半年卽癒。汝父旣皈依佛法。當依佛所說。不當信從洋醫。特往彼醫院去醫也。使一切病皆由醫而始好。不醫便不好者。則古來皇帝及大富貴人。皆當永不生病。亦永不死亡。然而貧賤者病少而壽每長。富貴者病多而壽每短。其故何哉。以一則自造其病。二則醫造其病。有此二造之功。能欲脫病苦。其可得乎。祈爲汝父說。不必往上海求西醫。就在家中求阿彌陀佛觀世音菩薩之大醫王。則自可勿藥而癒矣。求西醫。好否參半。求大醫王。或身軀上卽好。卽身軀上未好。而神識上決定見好。若妄欲卽好。完全廢棄先所持之戒。

大似剜肉做瘡。有損無益。西醫未入中國。中國有病皆不治乎。固宜放下妄想。提起正念。則感應道交。自可全癒矣。【書一】九三

●業障重。貪瞋盛。體弱心怯。但能一心念佛。久之自可諸疾咸癒。普門品謂。若有衆生。多於淫欲、瞋恚、愚癡。常念恭敬觀世音菩薩。便得離之。念佛亦然。但當盡心竭力。無或疑貳。則無求不得。【書一】四六

●每日除了己職分外。專心念佛名號。朝暮佛前。竭誠盡敬。懇到懺悔無始宿業。如是久之。當有不思議利益。得於不知不覺中。法華經云。若有衆生。多於淫欲。常念恭敬觀世音菩薩。便得離欲。瞋恚愚癡亦然。是知能至誠念彌陀、觀音聖號者。貪瞋癡三惑。自可消除也。又現今乃患難世道。須於念佛外。加念觀音聖號。冥冥中自有不可思議之轉迴。庶不至宿業現前。無法解脫耳。【書二】三九

●觀世音菩薩。於往劫中。久已成佛。號正法明。但以慈悲心切。雖則安住常寂光土。而復垂形實報、方便、同居、三土。雖則常現佛身。而復普現菩薩、緣覺、聲聞、及人天六道之身。雖則常侍彌陀。而復普於十方無盡法界。普現色身。所謂但有利益。無不興崇。應以何身得度者。卽現何身而為說法。普陀山者。乃菩薩應迹之處。欲令衆生投誠有地。示迹此山。豈菩薩唯在普陀。不在

他處乎。一月麗天。萬川影現。卽小而一勺一滴水中。各各皆現全月。若水昏而動。則月影便不分明矣。衆生之心如水。若一心專念菩薩。菩薩卽於念時便令冥顯獲益。若心不志誠不專一。則便亦難救護矣。此義甚深。當看印光文鈔中石印普陀山志序自知。名觀世音者。以菩薩因中由觀聞性而證圓通。果上由觀衆生稱名之音聲而施救護。故名爲觀世音也。普門者。以菩薩道大無方。普隨一切衆生根性。令其就路還家。不獨立一門。如世病有千般。則藥有萬品。不執定一法。隨於彼之所迷。及彼之易悟處而點示之。如六根、六塵、六識、七大。各各皆可獲證圓通。以故法法頭頭。皆爲出生死成正覺之門。故名普門也。若菩薩唯在南海。則不足以爲普矣。【書一】七七

丙　論存心立品

●若境遇不嘉者。當作退一步想。試思世之勝我者固多。而不如我者亦復不少。但得不飢不寒。何羨大富大貴。樂天知命。隨遇而安。如是。則尚能轉煩惱成菩提。豈不能轉憂苦作安樂耶。若疾病纏綿者。當痛念身爲苦本。極生厭離。力修淨業。誓求往生。諸佛以苦爲師。致成佛道。吾人當以病爲藥。速求出離。須知具縛凡夫。若無貧窮疾病等苦。將日奔馳於聲色名利之場。而莫之能已。誰肯於得意烜赫之時。囘首作未來沈溺之想乎。孟子曰。故天將降大任於是人也。

必先苦其心志，勞其筋骨，餓其體膚，空乏其身，行拂亂其所爲，所以動心忍性，增益其所不能。故知天之成就人者多以逆，而人之祇承天者宜順受也。然孟子所謂大任，乃世間之爵位，尚須如此憂勞，方可不負天心。何況吾人以博地凡夫，直欲上承法王覺道，下化法界有情。倘不稍藉挫折於貧病，則凡惑日熾，淨業難成。迷昧本心，永淪惡道，盡未來際，求出無期矣。古德所謂，不經一番寒徹骨，爭得梅花撲鼻香者，正此之謂也。但當志心念佛，以消舊業，斷不可起煩躁心，怨天尤人，謂因果虛幻，佛法不靈。【書一】十二

●蘧伯玉，行年五十，而知四十九年之非。孔子，年將七十，尙欲天假之年，卒以學易，以祈乎無大過。聖賢之學，未有不在起心動念處究竟者。近世儒者，唯學詞章，正心誠意，置之不講。雖日讀聖賢書，了不知聖賢垂書訓世之意。而口之所言，身之所行，與聖賢所言所行，若明暗之不相和，方圓之不相入。遑問究及於隱微幾希之間哉。佛經教人常行懺悔，以期斷盡無明，圓成佛道。雖位至等覺，如彌勒菩薩，尙於二六時中，禮十方諸佛，以期無明淨盡，圓證法身。況其下焉者乎。而博地凡夫，通身業力，不生慚愧，不修懺悔，雖一念心性，與佛平等，由煩惱惡業障蔽心源，不能顯現。【書一】十四

●至於止惡修善，刻實檢察，雖莫善於功過格。然使心不主於誠敬，縱日記功記過，亦是虛文。

功過格。此間未有其書。若約予所見。但當主敬存誠。於二六時中。不使有一念虛浮怠忽之相。及與世人酬酢。唯以忠恕為懷。則一切時。一切處。惡念自無從而起。倘或宿習所使。偶爾忽生。而誠敬忠恕在懷。自能念起卽覺。覺之卽無。決不至發生滋長。舉三業而隨之矣。小人之所以偽為善而實為惡者。意謂人不我知。不知其不知者。但止世間凡夫耳。若得道聖人。固了了悉知。而天地鬼神雖未得道。以報得他心通。亦了了悉知。況聲聞、緣覺、菩薩、諸佛。他心道眼。圓見三世。如視諸掌者乎。欲無知者。唯己不知則可耳。己若自知。則天地鬼神佛菩薩等。無不悉知之而悉見之矣。若知此義。雖暗室屋漏之中。不敢怠忽。人所不知之地。不敢萌惡。以天地鬼神。諸佛菩薩共知。縱不知慚愧者。知此亦當慚愧無地矣。況眞修實踐之士哉。故欲寡其過。先須從畏此諸聖凡悉知悉見起。見先哲於羹牆。愼獨知於衾影。猶是約世間情見而淺近言之。實則我心與十方法界。覿體脗合。由我迷故。其知局在於一身。彼十方法界聖人。徹證自心本具之法界藏心。凡法界中一切有情舉心動念。無不親知親見。何以故。以同稟眞如自他無二故。若知此義。自能戰兢惕厲。主敬存誠。初則勉力息妄。久則無妄可得矣。惡念。原屬妄想。若不覺照。便成實惡。倘能覺照。則妄想滅。而眞心現矣【書一】十九

●寡過一事。實為儒佛切要功夫。蘧伯玉。行年五十。而知四十九年之非。使人謂其欲寡其過

而未能。此實在意地上用功。非身口動輒有過也。在家居士。日與常人酬酢。固宜刻刻隄防。否則不但意業不淨。卽身口亦或汙穢不淨。欲其自他兼利。莫過於多識前言往行。以存龜鑑也。

【書一】二十

●夫欲學佛祖了生死。須從慚愧懺悔。止惡修善而來。（慚愧懺悔。止惡修善。卽自訟寡過。克己復禮。若能自訟。自然寡過。寡過。卽克己之實行。既能克己。自然復禮矣。）持齋警策。意甚真切。但須腳踏實地。儘力做去。否則便成妄語中妄語。知之匪艱。行之維艱。世間多少聰明人。皆以唯說不行。了此一生。徒入寶山。空手而歸。可痛惜哉。可痛惜哉。

【書一】二二

●凡夫在迷。信心不定。故有屢信屢退。屢修屢造之迹。亦由最初教者。不得其道所致。使最初從淺近因果等起。便不至有此迷惑顛倒也。然已往之罪。雖極深重。但能志心懺悔。改往修來。以正知見。修習淨業。自利利他。而爲志事。則罪障霧消。性天開朗。故經云。世間有二健兒。一者自不作罪。二者作已能悔。悔之一字。要從心起。心不真悔。說之無益。譬如讀方而不服藥。決無瘉病之望。倘能依方服藥。自可病瘉身安。所患者。立志不堅。一暴十寒。則徒有虛名。毫無實益矣。【書一】八六

●境無自性。損益在人。三業、四儀。（四儀。卽行住坐臥。）常持顏淵之四勿。五戒、十善。必效曾氏之三省。暗

室雖無人見。而天地鬼神咸知。念始萌乎隱微。罪福判若天淵。若能如是修省。將見舉動皆善。惡無從生矣。此實正心誠意之宏規。切勿謂釋氏瑣屑。不若儒者之簡捷也。【書一】二一

●念佛之人。必須事事常存忠恕心心隄防過愆。知過必改。見義勇爲。方與佛合。如是之人。決定往生。若不如是。則與佛相反。決難感通。【書一】二六

●法華經云。三界無安。猶如火宅。衆苦充滿。甚可怖畏。天之所以成就人者。有苦有樂。有逆有順。有禍有福。本無一定。唯在當人具通方眼。善體天心。則無苦非樂。無逆非順。無禍非福矣。是以君子樂天知命。上不怨天。下不尤人。隨遇而安。無往而不自在逍遙也。所以素富貴行乎富貴。（素者。現在也。行者。優遊自得之意。富則周濟貧窮。貴則致君澤民。盡其富貴之分。是之謂素富貴行乎富貴也。）素貧賤行乎貧賤。（若家無餘財。身未出仕。則守乎貧賤之節。不敢妄爲。）素患難行乎患難。（或者不但遠貶。且加之以刑。輕則笞打監牢。重則斬首分尸。或至滅門。仍然不怨君上。不恨奸黨。若自己應該如此一樣。人與之患難。尚然如是。何況天降之患難。豈有怨恨者乎。如是之人。則人愛之。天護之。或在此生。或在後世。或在子孫。決定有無窮之福報。以酬其德矣。【書一】二七）素夷狄行乎夷狄。（若盡忠被讒。貶之遠方。如雲貴兩廣黑龍江等。則心平氣和。不怨君上。不恨讒人。若自己就是彼地之人一樣。）

●凡人改過遷善。並修淨業。惟貴眞誠。最忌虛假。不可外揚行善修行之名。內存不忠不恕之心。蘧伯玉。行年五十。而知四十九年之非。如此方可希聖希賢。學佛學祖。爲名教之功臣。作如來之眞子。固不在窮達緇素上論也。【書一】三二

●念佛求生西方。必須知因識果。身之所行。心之所念。須與佛合。若與佛悖。則縱能念佛。亦難往生。以感應之道不相交。故若能生大慚愧。大怖畏。改過如去毒瘡。立志如守白玉。則萬無一失。各得往生。【書一】七四

●所言長齋念佛外之應守規律。即是敦行孝友。恪盡倫常。諸惡莫作。衆善奉行。居心動念。不干邪僻。並及虛僞。與人做事。克盡厥職。遇有緣者。勸令入道。其種種行相。不須具標。但勸看印光文鈔。及安士全書。自知須知爲佛弟子。凡所作爲。必須超過世俗所行。方能自己得眞實益。令他相觀而善。若口說修行。心懷不善。於父母兄弟。以及一切世上人。未能盡其本分。如是之人。名爲假善人。因地既僞。實益何得。聖賢之學。皆從格物致知。誠意正心而始。況欲了生脫死。超凡入聖者乎。格物致知。當看四書蕅益解重刻序。及了凡四訓序。【書二】二九

●諸惡衆善。皆須在心地上論。不專指行之於事而已。心地上了不起惡。全體是善。其念佛也。功德勝於常人百千萬倍矣。欲得心地唯善無惡。當於一切時處。主敬存誠。如面佛天。方可希企。心一放縱。諸不如法之念頭。隨之而起矣。【書二】三十

●念佛須善發心者。心爲修持之主。心若與四宏誓願合。則念一句佛。行一善事。功德無量無邊。況身口意三業。恆以念佛利生爲事乎哉。心若唯求自利。不願利人。所行之事雖多。而所得

之功德甚少。況或再加以傾人害人之意。及自衒自矜之心。則所念之佛。所行之善。亦非全無功德。實屬百千萬億分中僅得一分半分。而其惡念之過。亦復不少。故修行人。皆須善於發心。不止念佛人耳。【書二】三一

●須知佛法。原不離世間法。凡諸社友。必須各各恪盡己分。如父慈子孝。兄友弟恭。夫倡婦隨。主仁僕忠等。又須諸惡莫作。衆善奉行。戒殺護生。不食葷酒。閑邪存誠。克己復禮。自利利他。以爲己任。如是則基址堅正。堪受法潤。果具眞信切願。當必往生上品。世之愚人。每多不修實行。偏欲得一眞修之虛名。以故設種種法。妝點粉飾。成一似是而非之相。冀人稱讚於己。其心行已汙濁不堪。縱有修持。亦爲此心所汙。決難得其眞實利益。此所謂好名而惡實。爲修行第一大忌。倘具前之所當行。無後之所當忌。乃於世間則爲賢人。於佛法則爲開士。以身率物。由家而鄉。由鄉而邑。以至全國。及與天下。則禮義興而干戈永息。慈善著而災害不生。庶天下太平。人民安樂矣。【書二】五八

●既念佛求生西方。必須發慈悲心。行方便事。息貪瞋癡。戒殺盜淫。自利利人。方合佛意。否則心與佛背。感應道隔。但種來因。難獲現果。若志誠念佛。行合佛心。心口相應。如是之人。至臨命終時。阿彌陀佛。與諸聖衆。必然親垂接引。往生西方。一生西方。則超凡入聖。了生脫死。永離衆

苦，但受諸樂矣。此則全仗佛力，不論功之深淺，惑之有無。但具眞信切願，決定萬不漏一。【論】八

●學道之人，居心立行，必須質直中正，不可有絲毫偏私委曲之相。倘稍有偏曲，則如稱之定盤不準，稱諸物而輕重咸差。如鏡之體質不淨，照諸像而妍媸莫辨。差之毫釐，失之千里。展轉淆訛，莫之能止。故楞嚴經云，十方如來，同一道故，出離生死，皆以直心。心言直故，如是乃至終始地位，中間永無諸委曲相。書曰，人心惟危，道心惟微，惟精惟一，允執厥中。【序】二三

●觀經以孝養父母，奉事師長，慈心不殺，修十善業。及受持三歸，具足衆戒，不犯威儀。與發菩提心，深信因果，讀誦大乘，勸進行者，爲淨業正因。此十一事，有其一種，以深信願，囘向往生，皆得如願。【雜著】十八

丁　評修持各法

●竊維修持法門，有二種不同。若仗自己修戒定慧，以迄斷惑證眞，了生脫死者，名爲通途法門。若具眞信切願，持佛名號，以期仗佛慈力，往生西方者，名爲特別法門。通途全仗自力，特別則自力佛力，兼而有之。卽有深修定慧，斷惑之功，而無眞信切願，念佛求生，亦屬自力。今以喻明。通途，如畫山水，必一筆一畫而漸成。特別，如照山水，雖數十重蓊蔚峯巒，一照俱了。又通途，如步行登程，强者日不過百十里。特別，如乘轉輪聖王輪寶，一日卽可徧達四大部洲。吾人旣

無立地成佛之資格。又無斷見惑任運不造惡業之實證。若不專修淨業。以期仗佛慈力。帶業往生。則恐盡未來際。仍在三途六道中受生受死。莫由出離也。可不哀哉。願我同人。咸生正信。【序】七二

●念佛一法。約有四種。所謂持名。觀像。觀想。實相。就四法中。唯持名一法。攝機最普。下手最易。不致或起魔事。如欲作觀。必須熟讀觀經。深知是心作佛。是心是佛。及心淨佛現。境非外來。唯心所現。不生取著。既不取著。則境益深妙。心益精一。能如是。則觀想之益。殊非小小。如觀境不熟。理路不清。以躁妄心。急欲境現。此則全體是妄。與佛與心。皆不相應。即伏魔胎。因茲妄欲見境。心益躁妄。必致惹起多生怨家。現作境界。既最初因地不眞。何能知其魔業所現。遂生大歡喜。情不自安。則魔即附體。喪心病狂。縱令活佛現身救度。亦末如之何矣。須自量根性。勿唯圖高勝。以致求益反損也。善導和尚云。末法衆生。神識飛颺。心粗境細。觀難成就。是以大聖悲憐。特勸專持名號。以稱名易故。相續即生。誠恐或有不善用心。致入魔境也。宜自詳審。又志誠懇切。亦消除躁妄魔境之一妙法。宜竭盡心力以行之。則幸甚。【書一】八二

●且勿謂緣想一佛。不如緣想多佛之功德大。須知阿彌陀佛。是法界藏身。所有十方法界諸佛功德。阿彌陀佛一佛。全體具足。如帝網珠。千珠攝於一珠。一珠徧於千珠。舉一全收。無欠無

餘。若久修大士。緣境不妨寬廣。境愈寬而心愈專一。若初心末學。緣境若寬。則心識紛散。而障深慧淺。或致起諸魔事。故我佛世尊。及歷代諸祖。皆令一心專念阿彌陀佛者此也。待其念佛得證三昧。則百千法門。無量妙義。咸皆具足。古人謂已浴大海者。必用百川水。身到含元殿。不須問長安。可謂最善形容者矣。【書一】十八

●切不可謂持名一法淺近。捨之而修觀像觀想實相等法。夫四種念佛。唯持名最爲契機。持至一心不亂。實相妙理。全體顯露。西方妙境。徹底圓彰。即持名而親證實相。不作觀而徹見西方。持名一法。乃入道之玄門。成佛之捷徑。今人教理觀法。皆不了明。若修觀想實相。或至著魔。弄巧成拙。求昇反墮。宜修易行之行。自感至妙之果矣。【書一】五三

●如來說法。原爲被機。故有爲實施權。開權顯實。五時施化之事。又以仗自力了脫則難。仗佛力了脫則易。兼以末世衆生根機陋劣。故特開淨土法門。俾上中下三根。等蒙利益。同登不退。世有好高務勝者。不觀時機。每以多分不能契悟者令人修習。其意雖亦甚善。然約教而遺機。則其用力也多。而得益者少矣。【書一】六五

●於未得一心前。斷斷不萌見佛之念。能得一心。則心與道合。心與佛合。欲見即可頓見。不見亦了無所礙。倘急欲見佛。心念紛飛。欲見佛之念。固結胸襟。便成修行大病。久之則多生怨家

乘此躁妄情想。現作佛身。企報宿怨。自己心無正見。全體是魔氣分。一見便生歡喜。從茲魔入心腑。著魔發狂。雖有活佛。亦末如之何矣。但能一心。何須預計見佛與否。一心之後。自知臧否。不見固能工夫上進。即見更加息心專修。斷無誤會之咎。唯有勝進之益。世間不明理人。稍有修持。便懷越分期望。譬如磨鏡。塵垢若盡。決定光明呈露。照天照地。若不致力於磨。而但望發光。全體垢穢。若有光生。乃屬妖光。非鏡光也。光恐汝不善用心。或致自失善利。退人信心。是以補書所以耳。永明云。但得見彌陀。何愁不開悟。今例其詞曰。但期心不亂。不計見不見。知此當能致力於心與佛合之道矣。【書一】六六

●閉方便關。拒絕不急事緣。甚爲有益。【書一】六六

●於關中用工。當以專精不二爲主。心果得一。自有不可思議感通。於未一之前。切不可以躁妄心先求感通。一心之後。定有感通。感通則心更精一。所謂明鏡當臺。遇形斯映。紜紜自彼。與我何涉。心未一而切求感通。即此求感通之心。便是修道第一大障。況以躁妄格外企望。或致起諸魔事。破壞淨心。【書一】六七

●刺血寫經一事。且作緩圖。當先以一心念佛爲要。恐血耗神衰。反爲障礙矣。身安而後道隆。在凡夫地。不得以法身大士之苦行。是則是效。但得一心。法法圓備矣。【書一】七三

●觀想一法，非理路明白，觀境熟悉，無躁妄欲速之心，有鎮定不移之志者，修之，則損多益少。至於實相念佛，乃一代時教，一切法門，通途妙行。如台宗止觀，禪宗參究向上等，皆是所謂念自性天眞之佛也。（中略）如是念實相佛，說之似易，修之證之，實爲難中之難。非再來大士，孰能卽生親證。以此之難，固爲持名念佛之一格量勸贊。了此而猶欲仗自力以斷惑證眞，復本心性，不肯生信發願，執持佛號，求生西方者，無有是處。以實相徧一切法。持名一法，乃卽事卽理，卽淺卽深，卽修卽性，卽凡心而佛心之一大法門也。於持名識其當體實相，則其益宏深。外持名而專修實相，萬中亦難得一二實證者。能得蘇東坡，曾魯公，陳忠肅，王十朋等之果報，猶其上焉者。了生脫死一事，豈可以志大言大而成辦乎哉。【書一】八二

●念佛之樂，唯眞念佛者自知。然必須志誠懇切，攝心而念，不可著外境相。否則心地不通，觀道不熟，魔境現前，亦不了知，則殆矣。切囑切囑，今之眞宏淨土者，實難其人，徧參知識之念，敢作一心念佛，則利益大矣。否則徒成一箇勞碌奔波而已。【書二】三二

●念而無念，無念而念者，乃念到相應時，雖常念佛，了無起心動念之相。（未相應前，不起心動念，則不念矣。）雖不起心動念，而一句佛號，常常稱念，或憶念。故云念而無念，無念而念也，無念不可認做不念。無念而念，謂無起心動念之念相，而復念念無間。此境殊不易得，不可妄會。【書二】三二

●觀想一法雖好，必須了知所見佛像，乃屬唯心所現。若認做心外之境，或致著魔發狂，不可不知。唯心所現者，雖其像歷歷明明，實非塊然一物。若認做外境，作塊然實有，便成魔境矣。合眼開眼，但取合宜可也。【書二】三三

●他人教人，多在玄妙處著力。光之教人，多在盡分上指揮。設不能盡分，縱將禪教一一窮源徹底，也只成一箇三世佛怨而已。況尚無窮源徹底之事乎。【書二】三五

●無信願念佛，雖校參禪看話頭功德大，然自未斷惑，自力不能了脫，又無信願，不能蒙佛接引了脫，猶是仗自力之通途法門。其證道也，大非容易。且勿謂信願求生爲卑劣。華藏海會，同以十大願王，回向往生，爲華嚴末後一著。況淨土諸菩薩祖師，所有言教，皆示信願求生。【書二】四二

●觀雖十六，行者修習，當從易修者行。或作如來白毫觀，或作第十三雜想觀。至於九品之觀，不過令人知行人往生之前因與後果耳。但期了知即已，正不必特爲作觀也。觀之理，不可不知。觀之事，且從緩行。若或理路不淸，觀境不明，以躁心浮氣修之，或起魔事。即能觀境現前，若心有妄生喜悅之念，亦即因喜成障，或復致退前功。故楞嚴云，不作聖心，名善境界，若作聖解，即受羣邪。祈一心持名，以爲千穩萬當之行。待至心歸於一，淨境自會現前。【書二】四九

●須知法身入想。理實甚深。心作心是。事本平常。平常非常。甚深非深。能圓悟者。方名達人。於第十三觀。特爲劣機衆生。開方便門。令觀丈六八尺之相。第十六觀。又令惡業重者。直稱名號。由稱名故。卽得往生。是知相有大小。佛本是一。觀不能作。稱卽獲益。於此諦思。知持名一法。最爲第一。末世行人。欲得現生決定往生者。可弗寶此持名一行哉。【序】六二

●今人多半是要體面。憑空造樓閣。有一分半分。便說有百千萬分。如某居士錄。其境界皆是手筆所做。不是心地所做。汝固不妄。誠恐或有此習氣。則其過不小。佛以妄語。列於根本五戒者。正爲防此弊也。若或見言不見。不見言見。乃妄語之流類。若憑空造樓閣。妄說勝境界。卽犯大妄語戒。乃未得謂得。未證謂證。其罪甚於殺盜淫百千萬億倍。其人若不力懺。一氣不來。卽墮阿鼻地獄。以其能壞亂佛法。疑誤衆生故也。汝切須愼重。所見之境。有一分。不可說一分一。亦不可說九釐九。過說亦罪過。少說亦不可。何以故。以知識未得他心道眼。但能以所言爲斷耳。此種境界。向知識說。爲證明邪正是非。則無過。若不爲證明。唯欲自衒。亦有過。若向一切人說。則有過。除求知識證明外。俱說不得。說之則以後便永不能得此勝境界。此修行人第一大關。而台教中屢言之。所以近來修行者。多多著魔。皆由以躁妄心。冀勝境界。勿道其境是魔。卽其境的是勝境。一生貪著歡喜等心。則便受損不受益矣。況其境未必的確是勝境乎。倘其人

有涵養。無躁妄心。無貪著心。見諸境界。直同未見。既不生歡喜貪著。又不生恐怖驚疑。勿道勝境現有益。卽魔境現亦有益。何以故。以不被魔轉。卽能上進。故此語不常對人說。因汝有此種事。固不得不說也。汝最初禮佛所見之大士像。不的確。以若果實是不至因念與觀經不合而隱。然汝由此信心更切。是亦好因緣。但不宜常欲見像。但志誠禮拜而已。庶無他慮。臨睡目前白光。及禮佛見佛像懸立虛空。雖屬善境。不可貪著。以後不以爲冀望。當可不現。竊汝根性。似是宿生曾習禪定者。故致屢有此相也。明虞淳熙在天目山高峯死關靜修。久之。遂有先知。能預道天之陰晴。人之禍福。彼歸依蓮池大師。大師聞之。寄書力斥。謂彼入於魔羂。後遂不知矣。須知學道人。要識其大者。否則得小益必受大損。勿道此種境界。卽眞得五通。尙須置之度外。方可得漏盡通。若一貪著。卽難上進。或至退墮。不可不知【書二】四九

●修淨業人。不以種種境界爲事。故亦無什境界發生。若心中專欲見境界。則境界便多。倘不善用心。或致受損。不可不知。【書二】五十

●譚碧雲之著急。不獨彼一人獨犯此病。一切學佛之人。多多皆犯此病。既有此病。不是招感魔境。便是未得謂得。須知心本是佛。由煩惱未除。枉作衆生。但能使煩惱消滅。本具佛性。自然顯現。如磨鏡然。止期垢淨。勿慮無光。如醫目然。但能去翳。自復本明。若於垢未淨。翳未去時。卽

欲大放光明。曷可得乎。若發。便是妖魔所現。決非鏡目之眞正光明也。凡初發心人。俱宜以此意告之。【書一】九六

●念佛之人。當存卽得往生之心。若未到報滿。亦只可任緣。倘剋期欲生。若工夫成熟。則固無礙。否則只此求心便成魔根。倘此妄念結成莫解之團。則險不可言。盡報投誠。乃吾人所應遵之道。滅壽取證。實戒經所深呵之言。（梵網經後偈云。計我著想者。不能生是法。滅壽取證者。亦非下種處。）但當盡敬盡誠。求速生。不當剋期定欲卽生。學道之人。心不可偏執。偏執。或致喪心病狂。則不唯無益。而又害之矣。淨業若熟。今日卽生更好。若未熟。卽欲往生。便成揠苗助長。誠恐魔事一起。不但自己不能往生。且令無知咸退信心。謂念佛有損無益。某人卽是殷鑑。則其害實非淺鮮。祈將決定剋期之心。改作唯願速往之心。卽不速亦無所憾。但致誠致敬。以期盡報往生則可。無躁妄團結。致招魔事之禍。【大雲月刊】

戊　勉行人努力

●人生世間。具足八苦。縱生天上。難免五衰。唯西方極樂世界。無有衆苦。但受諸樂。經云。三界無安。猶如火宅。衆苦充滿。甚可怖畏。人命無常。速如電光。大限到來。各不相顧。一切有爲法。如夢幻泡影。於此猶不惺悟。力修淨業。則與木石無情同一生長於天地之間矣。有血性漢子。豈

肯生作走肉行尸。死與草木同腐。高推聖境。自處凡愚。遇大警策而不憤發。聞聖賢佛祖之道而不肯行。是天負人耶。抑人負天耶。【書一】三一

●心跳惡夢。乃宿世惡業所現之兆。然現境雖有善惡。轉變在乎自己。惡業現而專心念佛。則惡因緣爲善因緣。宿世之惡業。翻爲今世之導師。惜世人多被業縛。不能轉變。遂成落井下石。苦上加苦矣。【書一】四一

●今之時。是何時也。南北相攻。中外相敵。三四年來。人死四五千萬。自有生民以來。未聞有如此之慘悽者。又復風吹。水衝。地震。瘟疫。各處頻頻見告。又兼水旱不一。年中每兼受其災。諸物之貴。比昔幾倍。當斯時也。幸而得生。敢不竭力專修淨業。以期往生淨土乎。敢以倖得之身。遊逸其志。不注定一法。而泛泛然致力於不契時機之法門乎。倘或一息不來。而欲再聞如此之徑直法門。恐無有如是之僥倖也已。【書一】四九

●身乃招苦之本。厭乃得樂之基。宿因厚而現善濃。則多劫之重報。轉而現生輕受。罹災戾而猛修持。則娑婆之痛苦。卽是極樂導師。當作償債之想。懊悶自消。倘生怨尤之心。罪障續起。逆來順受。始爲樂天知命之人。厭此欣彼。方是修淨念佛之士。【書一】五九

●一句佛號。包括一大藏教。罄無不盡。通宗通教之人。方能作眞念佛人。而一無所知一無所

能之人。但止口會說話。亦可爲眞念佛人。去此兩種。則眞不眞。皆在自己努力及依教與否耳。【書一】六十

●倘淨土法門。能仰信佛言。決定無疑。眞信切願。以修實行。則決定往生。爲極樂世界中人。況此浩劫當前之期。尙欲以危險時際有限精神。作不急之法務。企得大通家之名聞。以充體面。致自己專修一事。竟成顚頇乎哉。【書一】七九

●普賢十願。文殊一行。若能精修。一切經論。卽不貫通。亦可頓脫樊籠。高預海會。若於此仗佛力一法。信不眞。靠不定。卽深通宗教。亦只是口頭三昧。欲以此口頭三昧了生死。眞同欲以畫餅充飢。必致途窮深悔。而毫無裨益也。現今世道。不知將來作何相狀。倘欲以將盡之光陰作不急之務哉。【書一】八十

●古人云。少實勝多虛。大巧不如拙。說得一丈。不如行取一寸。眞心爲己者。其繹思之。【同上】

●淨土一法。以信願行三法爲宗。唯其具眞信切願。方有篤行。禍害追切。便能誠懇。優遊無事便寬緩。此凡夫通病也。然當今之時。其世道局勢。有如安臥積薪之上。其下已發烈火。但未燒至其身。轉瞬則全體熾然。徧界無逃避處。尙猶悠忽度日。不能專志求救於一句佛號。其知見之淺近甚矣。【書一】八十一

●宿生培此慧根。固不容易。倘不於此專精致力。以期親證。（指決定求生西方而言。宜查文鈔。自知所以。）則如坏器未燒。經雨則化。光陰短促。人命幾何。一氣不來。即屬後世。未證道人。從悟入迷者。萬有十千。從悟增悟者。億無一二。忍令無上法器之坏。經再生之雨。而復爲塵土乎哉。【書二】二一

●吾輩既爲佛子。當行佛行。縱不能豁破無明。頓復性體。以直趣妙覺果海。豈可不圓發三心。篤修淨業。以期斷煩惑於此身。託心識於蓮邦。爲彌陀之弟子。作大士之良朋。安住寂滅。游泳佛國。上求佛道。下化衆生乎。倘不自奮勉。高推聖境。自處凡愚。畏半生修持之勤勞。甘永劫沈淪之酸楚。迷衣珠而弗珍。登寶山而空歸。以具無量功德智慧神通相好之妙眞如性。枉受無量生死輪迴。煩惱業果之幻妄極苦。豈非喪心病狂。惡昇樂墜。生作走肉行尸。死與草木同腐。三世諸佛。稱爲可憐憫者。凡我同倫。各宜努力。【雜著】四

●當此危險世道。宜放開心胸眼界。努力修持淨業。所有吉凶禍福。悉不計慮。隨緣應變。縱大禍臨頭。亦當想及同罹此禍之人。不知有幾千萬億。於無可如何中。尚有阿彌陀佛。及觀世音菩薩可以恃怙。有何可畏。以念佛念觀世音菩薩。作爲無畏之據。放開心量。勿預恐嚇。則病自痊癒。身自安樂矣。若不知此義。則是未遇危境。自己先陷於危中。雖佛菩薩亦莫能救。所以君子素患難行乎患難。故能無入而不自得焉。【大雲月刊】

四　論生死事大

甲　警人命無常

●光陰迅速。時序更遷。剎那剎那。一念不住。此殆造物出廣長舌。普爲爾我一切衆生說人命無常。榮華不久。急尋歸路。免受沈淪之苦之無上妙法耳。【雜著】四一

●生死大事。須當預辦。若待臨行方修。恐被業力所奪。【書一】六六

●生死事大。無常迅速。耳聞者之驚懼。遠不如身歷者之痛切也。【書一】八四

●古語云。聰明不能敵業。富貴豈免輪迴。生死到來。一無所靠。唯阿彌陀佛。能爲恃怙。惜世人知者甚少。知而眞信實念者更少也。【書二】一

●臘月三十日。乃一歲之盡日。倘預先未曾打疊得好。則債主怨家。羣相繫縛。那容你過。臨命終時。乃一生之臘月三十日也。倘信願行資糧未具。貪瞋癡惡習猶存。則無量劫來怨家債主。統來逼討。那肯饒你。莫道不知淨土法門者。無可奈何。隨業受生。卽知而不務實修者。亦復如是。被惡業牽向三途六道中。永永輪迴去也。欲求出苦之要。唯有念念畏死。及畏死後墮落三途惡道。則佛念自純。淨業自成。一切塵境。自不能奪其正念矣。【書二】十七

●求生西方者。不可怕死。若今日卽死。今日卽生西方。所謂朝聞道。夕死可矣。豈可今日要死。

且不願死既貪戀塵境。不能放下。便因貪成障。淨土之境不現。而隨業受生於善惡道中之境便現。境現則隨業受生於善惡道中矣。往生西方便成畫餅。故修西方人。今日死也好。再活一百二十歲死也好。一切任彼前業。不去妄生計校。倘信願眞切。報終命盡。便即神超淨域。業謝塵勞。蓮開九品之花。佛授一生之記矣。【書一】十七

乙　勉專仗佛力

●光自西徂東。由北至南。往返萬餘里。閱人多矣。其有平日自命通宗通教。視淨土若穢物。恐其汙己者。臨終多是手忙脚亂。呼爺叫娘。其有老實頭持戒念佛。縱信願未極。瑞相不現。皆是安然命終。其故何哉。良由心水澄淸由分別而昏動。識波奔湧。因佛號以渟凝。所以上智不如下愚。弄巧反成大拙也。【書一】三

●佛說一切大小權實法門。皆須仗己功力。斷惑證眞。方出生死。若惑業有一絲毫。生死決定難出。是以從生至生。從劫至劫。展轉修持。或有力量充足。直進不退。即能了脫者。多皆旋覺忽迷。暫進久退。經塵點劫。不能出離。所以爾我今日尙爲凡夫。皆坐不知如來普被三根。至極圓頓之淨土法門故也。【書一】十九

●楞嚴一經。不知淨土者讀之。則爲破淨土之元勳。知淨土者讀之。則爲宏淨土之善導。何以

言之。以自力悟道之難。淨土往生之易。十法界因果。一一分明。若不仗佛力。雖陰破一二。尚或著魔發狂。爲地獄種子。而且二十四圓通之工夫。今人誰能修習。唯如子憶母之念佛。凡有心者。皆堪奉行。但得淨念相繼。自可親證三摩。知好歹者讀之。其肯唯主自力。不仗佛力乎。不知好歹者反是。以其止欲爲通家。無心了生死耳。【書二】五

●夫修行用功。原爲了生死耳。倘用功而生死不能了。猶不肯依能了者而爲之。豈非擔麻棄金。自貽其咎乎。參禪縱能大徹大悟。如五祖戒。草堂清。眞如喆。斷崖義。尚不能了。而再一受生。反致迷失。校前爲遠不能及。況吾儕乎。【書二】六

●淨土法門者。乃如來普度衆生。最圓頓直捷。廣大簡易之法門也。何以言之。以一切法門。皆須斷盡見思二惑。方了生死。而斷見惑。如斷四十里流。況思惑乎。斷見惑。卽證初果。若約圓教。則是初信。斷思惑盡。卽證四果。圓教卽是七信。初果、初信。尚有生死。四果、七信。方能了脫。而天台智者大師。示居五品。雖則所悟與佛同儔。圓伏五住煩惱。而見惑尚未曾斷。然大師本地實不可測。而臨終只說登五品者。深慮末世不致力於斷惑證眞。唯以明心見性。爲究竟也。夫明心見性。乃大徹大悟也。若最上上根。卽悟卽證。則可卽了。否則縱悉知未來。如圓澤者。尚不免重復受生耳。至於五祖戒。再作東坡。草堂青。復爲魯公。尚未至甚。而海印信。爲朱防禦女。已屬

不堪。雁蕩僧爲秦檜．則誠堪憐憫矣。甚矣．自力斷惑證眞．了生脫死之難也。如來一代所說通途修證教理．雖法門種種不一．絕無具足惑業．能了生死者。唯淨土一門．但具眞信切願．以至誠心持佛名號．求生西方。無論惑業之厚薄．工夫之淺深．皆於臨終．仗佛慈力．帶業往生。旣往生已．卽已超凡入聖．了生脫死。從茲漸次進修．卽得親證無生．以至圓滿佛果耳。此如來悲愍劣機衆生．普令現生頓出輪迴之特別法門也。【序】五三

●研教者．按常途教理以論斷證．不信有帶業往生之事。矜常處生死以度衆生．不願爲速出生死之人。不知坏器未燒．經雨卽化。煩惑未斷．轉生卽迷。自利尙難．焉能利他。此皆不諒己德．以博地凡夫．稍具慧性．便以法身大士之作略自擬．以致一誤永誤也。參宗者．專主參究．以期明心見性。不知其機稍劣．不能明心見性者多多也。卽使已得明心見性．而惑業未斷．仍舊輪迴生死．不能出離者．又多多也。五祖戒．草堂清．海印信．眞如喆等．乃其確證。噫．死生亦大矣．何可以專仗自力．而不仗佛力耶．抑或自力果愈於佛力耶。夫人之處世．大而創業垂統．小而一衣一食．莫不仗衆人之力以成自事。至於了生死大事．乃雖有佛力而不肯倚仗．欲顯出格之作略．恐墮愚夫之窠臼。其志可謂大矣．惜乎不知其所謂大也。【序】十九

●夫欲了生死．必須實證。若唯悟而未證．則煩惑尙在．尙須努力．倘能兢兢業業．歷緣煅煉．則

覺照存心冥符聖智，人我是非之凡情，無由而起。若不加覺照，依舊凡情熾然。功行愈高，情見愈重，由悟入迷，在所難免。如人睡惺不起，久復睡著。古人謂大事已明，如喪考妣，正以煩惑未斷，或恐復迷。須知斷惑之人，便無凡情。既無凡情，何有生死。大悟之人，其悟縱與佛同，其惑猶未斷除。必須念念覺照，庶免凡情用事。【序】二四

●此之法門，全仗佛力。喻如跛夫日行數里，若乘轉輪聖王輪寶，則頃刻之間，徧達四洲，是輪王力，非己力也。畢世修行者，固然如是。即五逆十惡，極重罪人，臨命終時，地獄相現，若能志心念佛，即得蒙佛接引。良以佛視衆生，猶如一子。於善順者固能慈育，於惡逆者倍生憐愍。子若回心向親，親必垂慈攝受。【記】三

●仗自力修行，斷惑證眞，頗不容易。斷見惑如斷四十里流，況思惑乎。見惑一斷，即證初果，預聖流，尚須七生天上，七反人間，方可斷盡思惑，以證四果。雖云十四番生死，而天上壽長，固不易以年月論也。初果聖人，欲了生死，尚如是之難，況具足惑業之凡夫乎。若證四果，則生死根本永斷，超出六道輪迴之外。若發大悲心，入世度生，則乘願示生，非如具足惑業者，隨善惡業力所牽，昇沈於六道之中，自己一毫作不得主也。自力了生死，非宿根深厚者不能。末世衆生，何能企及。於是如來特開一淨土法門，俾一切若聖若凡，上中下根，同於現生了生脫死。其慈

悲救護之心。至極無加矣。其修持之法。亦須嚴持淨戒。力修定慧。而兼以生信發願。持佛名號。求生西方。信願真切。念力精純。現生亦可證聖。臨終直登上品。則入菩薩位。證不退地矣。縱根機陋劣。未能如是。但能至心念佛。則心佛相契。感應道交。臨命終時。必蒙佛慈接引。帶業往生。下至五逆十惡之人。臨終地獄相現。若心識不迷。有善知識教以念佛。其人生大怖畏。生大愧悔。雖念數聲。即便命終。亦可仗佛慈力。接引往生。一得往生。則永出輪迴。高預海會。漸次進修。必證佛果。仗自力了生死。如彼之難。仗佛力了生死。如此之易。凡有心者。皆能念佛。皆可往生。有血性漢子。決不肯令本具之真如佛性。背悟淨緣。隨迷染緣。長劫輪迴於六道之中。而莫之能出也。【記】九

●吾人在生死輪迴中。久經長劫。所造惡業。無量無邊。若仗自己修持之力。欲得滅盡煩惱惑業。以了生脫死。其難逾於登天。若能信佛所說之淨土法門。以真信切願。念阿彌陀佛名號。求生西方。無論業力大。業力小。皆可仗佛慈力。往生西方。譬如一顆沙子。入水即沉。縱有數千萬斤石。裝於大火輪船中。即可不沉。而運於他處。以隨意使用也。石。喻眾生之業力深重。大火輪。喻彌陀之慈力廣大。若不念佛。仗自己修持之力。欲了生死。須到業盡情空地位方可。否則縱令煩惱惑業。斷得只有一絲毫。亦不能了。喻如極小之沙子。亦必沉於水中。決不能自己出於

水外。閣下但生信心念佛求生西方。不可再起別種念頭。果能如是。壽未盡則速得痊癒。以專一志誠念佛功德。便能滅除宿世惡業。猶如杲日既出。霜雪即化。壽已盡則卽能往生。以心無異念。卽得與佛感應道交。故蒙佛慈接引往生也。閣下若信得此話。及則生也得大利益。死也得大利益。【書二】六七

●今之世道。乃患難世道。若不以阿彌陀佛。觀世音菩薩。爲依怙而常念之。則禍患之來。或所不測。及其卒遇。徒喚奈何。倘能預先持念。必有冥爲轉移。況生死到來。人各有此日。故宜常作臨終想。則一切非分之妄想。與不能資之以了生死之諸法門。自不致力馳騖。而令此決定仗之可了生死之法。荒疏不修也。願汝夫妻父子。同不以光言爲迂腐。幸甚。【書一】九六

●念佛人有病。當一心待死。若世壽未盡。則能速癒。以全身放下念佛。最能消業。業消則病癒矣。若不放下。欲求好。倘不能好。則決定無由往生。以不願生故。此等道理不明白。倘能得仗佛慈力乎。汝母之病。宜切勸放下求往生。如壽未盡。求往生反能速癒。以心至誠。故得蒙佛慈加被也。祈與汝母婉曲言之。令勿效癡人說癡話也。【書二】五九

丙 示臨終切要

●臨終一關。最爲要緊。世有愚人。於父母眷屬臨終時。輒爲悲痛哭泣。洗身換衣。只圖世人好

看，不計貽害亡人不念佛者且置勿論。卽志切往生，臨終遇此眷屬，多皆破壞正念，仍留此界臨終助念。譬如怯夫上山，自力不足，幸有前牽後推，左右扶掖之力，便可登峯造極。臨終正念昭彰。被魔眷愛情搬動等破壞者，譬如勇士上山，自力充足，而親友知識，各以己物令其擔負。擔負過多，力竭身疲，望崖而退。此之得失，雖由他起，實屬自己往昔劫中，成全破壞人之善惡業力所致。凡修淨業者，當成全人之正念，及預爲眷屬，示其利害。俾各知所重在神識得所，不在世情場面好看，庶可無虞矣。【雜著】十七

●於七中及一切時，一切事，俱宜以念佛爲主，何但喪期。以現今僧多懶惰，誦經，則不會者多，而又其快如流，會而不熟。亦不能隨念。縱有數十人，念者無幾。唯念佛，則除非不發心，決無不能念之弊。又縱不肯念，一句佛號，入耳經心，亦自利益不淺。此光絕不提倡作餘道場之所以也。【書二】十三

●人當臨終，唯同聲念佛爲有益。若識心未去，沐浴舉哀等，大有所妨。是以修淨業人，須於平日，與眷屬說其所以。庶不至誤用親愛，而阻礙往生。若過量大人，出格高士，乃不必懼其被此阻礙耳。【書二】十三

●佛法宏曠，唯成佛方可歇手。欲決得往生，正不妨懇切念佛，常行追薦。卽佛經所謂，雖知罪

性本空而常悔先罪，不說已得淸淨。蓮池謂年中常須追薦先亡，不得謂已得解脫，遂不舉行耳。須知念佛誦經，雖曰薦親，實爲現前眷屬親知開心地種善根。及所有薦親功德，回向法界一切衆生。以廣大自他存亡之心量，以消滅自他存亡之執礙耳。至於不主於誠，唯以奢華張羅誇耀於人，則所謂以親喪作鬧熱，非人子所宜爲也。【書二】十三

●當此大病臨身，存亡莫保之時，教以各各爲其母志誠懇切念南無阿彌陀佛，以祈壽未盡則速癒，壽已盡則速得往生西方。令郎等孝心淳篤，當必皆如救頭然而常持念也。如是則豈但有益於夫人，實則深有益於令郎等也。凡人有病，可以藥治者，亦不必決不用藥。不可以藥治者，雖仙丹亦無用處，況世間藥乎。無論能治不能治之病，皆宜服阿伽陀藥。此藥絕不誤人，服則或身或心，必卽見效。然人生世間，無論久暫，終有一死。其死不足惜，其死而所歸之處可不預爲安頓乎。有力量者，自己預爲安頓妥帖，則臨終固不須他人爲之輔助。然能輔助，則更爲得力。無力量者，當令家屬代爲念佛，則必能提起正念，不致恩愛牽纏，仍舊被愛情所縛住此莫出也。【書二】四六

●保病、薦亡，今人率以誦經、拜懺、做水陸爲事。光與知友言，皆令念佛。以念佛利益，多於誦經、拜懺、做水陸多多矣。何以故。誦經，則不識字者不能誦，卽識字而快如流水，稍鈍之口舌亦不

能誦。懶坏雖能．亦不肯誦．則成有名無實矣。拜懺．做水陸．亦可例推。念佛．則無一人不能念者。卽懶坏不肯念而大家一口同音念．彼不塞其耳．則一句佛號固已歷歷明明灌於心中。雖不念與念亦無異也。如染香人．身有香氣。非特欲香．有不期然而然者。爲親眷保安薦亡者．皆不可不知。【書二】四六

●作佛事．不必念經、拜懺、做水陸．以此等事．皆屬場面。宜專一念佛．俾令郞等亦始終隨之而念。女眷則各於自室念之．不宜附於僧位之末。如是．則不但尊夫人令眷實獲其益．卽念佛之僧．幷一切見聞．無不獲益也。凡作佛事．主人若肯臨壇．則僧自發眞實心。倘主人以此爲具文．則僧亦以此爲具文矣。如一期佛事已畢．夜間放臺燄口卽已。【書二】四七

●卽眞實往生．亦須志誠念佛．以祈蓮品高陞．無生速證．以各盡孝思。此雖爲利亡者．實則令兒女媳輩同種善根也。孫之能念者．亦令隨之而念。【書二】四七

●父母臨終時．全家能不哭泣念佛．最有利益。然其時猶短．宜以三小時不斷佛聲．不起哭聲．及動轉等爲最善。祈切記之。【書二】四七

●做佛事一事．光前已詳言之．祈勿徇俗．徒作虛套。若念四十九天佛．校誦經之利益多多矣。【書二】四八

●人未終前，若彼自能沐浴更衣，則甚善。如其不能，斷不可預行沐浴更衣，令彼難受疼痛，致失正念。以汝尚以未著法衣，令其盤膝趺坐爲遺憾。不知當此之時，只好一心同聲念佛，萬萬不可張羅鋪排。（如沐浴更衣令坐等。）若一張羅鋪排，卽成落井下石。切記切記。【書二】五三

●臨終之瘦削，及病苦，乃多劫之業障。以彼篤修淨業，殆轉重報後報，爲現報輕報耳。汝謂由修持精進，致身體日弱，此語不恰當，兼有令信心淺者，因茲退惰之過。須知念佛之人，決定能消除業障。其有業障現前者，係轉將來墮三塗之惡報，以現在之病苦，卽了之也。金剛經謂，持金剛經者，由被人輕賤之小辱，便滅多劫三塗惡道之苦。則福峻之將往西方，固以此小苦，了無量劫來之惡報，實爲大幸。切不可學不知事務人，謂因修持致病及死也。【同上】

●汝母何以病不見癒，蓋以宿業所致，殆轉重報後報，爲現報輕報，於此時以了之乎。玄奘法師臨終，亦稍有病苦，心疑所譯之經，或有錯謬。有菩薩安慰言，汝往劫罪報，悉於此小苦消之，勿懷疑也。當以此意安慰汝母，勸彼生歡喜心，勿生怨恨心，則決定可蒙佛加被，壽未盡而速癒，壽已盡而往生耳。凡人當病苦時，作退一步想，則安樂無量。近來兵火連緜，吾人幸未罹此，雖有病苦，尚可作欲出苦之警策，則但宜感激精修，自得利益。否則怨天尤人，不但宿業不能消，且將更增怨天尤人之業。當與汝母說之。果能不怨不尤，淨心念佛，其消業也，如湯消雪耳。

【書二】六十

●至於喪祭。通須用素。勿隨俗轉。縱不知世務者。謂爲不然。亦任彼譏誚而已。喪葬之事。不可過爲鋪排張羅。做佛事只可念佛。勿做別佛事。並令全家通皆懇切念佛。則於汝母於汝等諸眷屬。及親戚朋友。皆有實益。有財力多做功德。若喪事用度無出。卽以之辦喪事亦可。切勿硬撐架子。至有虧空。後來受窘。則不必矣。【書二】六十

●人一生事事皆可僞爲。唯臨死之時。不可僞爲。況其無愛戀之情。有悅豫之色。安坐而逝。若非淨業成熟。曷克臻此。但願汝昆弟與闔家眷屬。認眞爲汝母念佛。不但令母親得益。實則比自己念佛之功德更大。佛所以教人凡誦經持呪念佛作諸功德。皆爲法界衆生回向。平時尚爲無干涉之法界衆生回向。況母歿而不至心爲母念佛乎。以能爲一切衆生回向。卽與佛菩提誓願相合。如一滴水投於大海。卽與大海同其深廣。如未到海。則勿道一滴卽長江大河。固與大海天地懸殊也。是知凡施於親。及一切人者。皆屬自培自福耳。知此義。有孝心者孝心更加增長。無孝心者。亦當發起孝心。請僧念七七佛甚好。念時。汝兄弟必須有人隨之同念。婦女不必隨於僧次。以爲日既多。人情熟悉。或令人起嫌疑。婦女宜另設一所。或居於幕。出入各門戶。兩不相見。是爲表率鄉邑。開通儀式之懿範。若漫無界限。或他人仿之。久則弊生。昔人立法。

雖上上人亦以下下人之法爲範圍。故能無弊。【書二】六一

●頂聖眼天生等說。實可依據。光恐無知者。唯以探冷熱爲事。意謂有信願。及臨終正念分明。即可往生。不得專以探冷熱爲據。故云亦不一例。恐其探之頻數。或致誤事。不可不知也。【書二】六二

●宜將一切家事。幷自己一箇色身。悉皆通身放下。以一塵不染心中。持萬德洪名聖號。作將死想。除念佛求接引外。不令起一雜念。能如是者。壽已盡。則決定往生西方。超凡入聖。壽未盡則決定業消病癒。慧朗福崇。若不如是作念。癡癡然唯求速癒。不唯不能速癒。反更添病。倘或壽盡定隨業漂沈。而永無出此苦娑婆之期矣。【書二】六八

●人之臨終。得其助念。定可往生。失其助念。或再以哭泣搬動。動其愛情瞋恨。則墮落難免矣。險極險極。汝能成就母往生。亦是三世諸佛淨業正因。所謂即塵勞行佛事。其功德比尋常殊勝萬分矣。【書二】六十

臨終舟楫（附錄）

佛制亡僧焚化。原爲令其離分段之假形。而證眞常之法身也。故自佛立制以來。僧衆奉爲常規。奈法道陵夷。延久弊生。如今釋子。率以焚化了事。不依制度。每有以病者臨脫氣時。遽

爲穿衣搬動及入龕一二日。卽行焚化者。可謂大違佛制矣。佛說。人有八識。卽知識也。前五識。名眼耳鼻舌身。第六意識。第七末那。亦名傳送識。第八阿賴耶。亦名含藏識。夫人之生也。惟此第八識。其來最先。七六五識。次第後來。及其死也。亦此八識。其去最後。餘識。次第先去。蓋第八識。卽人之靈識。俗謂靈魂者是也。然此識既靈。故人初受母胎時。彼卽先來。故兒在母胎中。卽爲活物。至人死氣斷之後。彼不卽去。必待至通身冷透。無一點煖氣。彼識方去。識去。則此身毫無知覺矣。若有一處稍煖。彼識尚未曾去。動著觸著。仍知痛苦。此時切忌穿衣盤腿搬動等事。若稍觸著。則其痛苦最爲難忍。不過口不能言。身不能動而已。考經云。壽、煖、識。三者常不相離。如人生有煖。則有識在。識在則壽尚未終。古來多有死去三五日而復生者。詳載典章。歷歷可考。儒教亦有三日大殮之禮。緣眷屬恩愛。尚望其萬一復生耳。若我僧家。雖不望其復生。而亦不能不體其痛苦。遽爾搬動。以及遷化。其慈悲之心安在哉。古云。兔死狐悲。物傷其類。物尚如此。而況同爲人類。又況同爲佛子者乎。且人情痛苦之極。瞋心易起。惟瞋心故。最易墮落。如經云。阿耆達王。立佛塔寺。功德巍巍。臨命終時。侍臣持扇。誤墮王面。王痛起瞋。死墮蛇身。緣有功德。後遇沙門。爲其說法。以聞法故。乃脫蛇身。而得生天。觀此。可知亡者識未去時。卽行穿衣搬動。及卽焚化。使其因痛生瞋。更加墮落。寧非忍心害理。故施慘毒。應思我與亡者。何仇何恨。乃以好心而作惡緣。若云事屬渺茫。無從稽考。則經典所載。豈可不信。邇來種種流弊。總因生者不憐死者之苦。只圖迅速了事。故無暇細察冷煖。由是習以爲常。縱有言及此者。反笑以爲迂。致令亡者有苦難伸。嗚呼。世之最苦者莫過生死。生如活龜脫殼。死如螃蟹落湯。八苦交煎。痛不可言。願諸照應病人者。細心謹愼。切莫與病人閒談雜話。令心散亂。亦勿悲哀喧嘩。當勸病人放下身心。一心念佛。以求往生。又當助念令病人隨己念佛音聲。心中繫念。若有錢財。當請衆僧分班念佛。使佛聲晝夜不斷。令病人耳中常聞佛聲。心中常念佛號。則決定可以仗佛慈力。往生西方。卽無錢財。亦宜大家發心助念。以結末後之緣。至於安置後事。切勿在病人前談說。只宜擊引磬高聲念佛。必使句句入病人耳。使彼心中常不離佛。木魚聲濁。臨終助念。斷不宜用。任彼或坐或臥。切莫移動。大家專心念佛。待至通身冷透。則神識已去。再遲二時。方可洗浴、穿衣。如身冷轉硬。應用熱湯淋洗。將熱布搭於臂肘膝彎。少刻卽可回軟。然後盤腿入龕。至諸事齊畢。尤須常爲念佛。所有誦經拜懺。皆不如念佛之利益廣大。凡一切出家在家各眷屬。俱須依之而行。則存者亡者。悉得大益。再者。我佛涅槃。原本右脅而臥。以故入棺荼毗。今人若隨其自然。坐亡者入龕臥亡者入棺。尤爲得當。但今人沿習成風。恐不以此爲然。亦惟聽諸自便。至人死後之善惡境相。原有實據。其生善道者。熱氣自下而上昇。生惡道者。自上而下降。如通身冷盡。熱氣歸頂者。乃生聖道。至眼者生天道。至心者生人道。至腹者墮餓鬼道。至膝蓋者墮畜生道。至腳板者墮地獄道。故偈云。頂聖眼天生。人心餓鬼腹。畜生膝蓋離。地獄腳板出。夫生死事大。人所不免。惟此一著。最宜慎重。其照應病人者。當以同體之悲心。助成往生之大事。古云。我見他人死。我心熱如火。不是熱他人。看看輪到我。因緣果報。感應無差。欲求自利。必先利他。述此徧告同胞。懇祈人各注意。

五　勉居心誠敬

●入道多門。唯人志趣。了無一定之法。其一定者。曰誠。曰恭敬。此二事。雖盡未來際諸佛出世。皆不能易也。而吾人以博地凡夫。欲頓消業累。速證無生。不致力於此。譬如木無根而欲茂。鳥無翼而欲飛。其可得乎。【書一】七一

●世俗讀書。絕無敬畏。晨起則不加盥漱。登廁則不行洗濯。或置座榻。或作枕頭。夜臥而觀。則與褻衣同聚。對案而讀。則與雜物亂堆。視聖賢之語言。同破壞之故紙。漫不介意。毫無敬容。甚至書香家之婦女。花册皆是經傳。世祿家之僕隸。揩物悉用文章。種種褻黷。難以枚舉。積弊已久。習矣不察。若不特示禍福。決定難免褻黷。未曾得益。先獲大罪。閔斯無知。須預指陳。【書一】六

●念佛一法。乃至簡至易至廣至大之法。必須懇切志誠之極。方能感應道交。即生親獲實益。若懶惰懈怠。毫無敬畏。雖種遠因。而褻慢之罪。有不堪設想者。縱令得生人天。斷難高預海會。至於佛像。當作眞佛看。不可作土木銅鐵等看。經典。乃三世諸佛之師。如來法身舍利。亦當作眞佛看。不可作紙墨等看。對經像時。當如忠臣之奉聖主。孝子之讀遺囑。能如是。則無業障而不消。無福慧而不足矣。現今士大夫學佛者多。然率皆讀其文。解其義。取其供給口頭。以博一通家之名而已。至於恭敬志誠。依教修持者。誠爲難得其人。余常謂。欲得佛法實益。須向恭敬中求。有一分恭敬。則消一分罪業。增一分福慧。有十分恭敬。則消十分罪業。增十分福慧。若無恭敬而致褻慢。則罪業愈增。而福慧愈減矣。哀哉。【書一】十三

●禮誦持念。種種修持。皆當以誠敬爲主。誠敬若極。經中所說功德。縱在凡夫地。不能圓得。而其所得。亦已難思難議。若無誠敬。則與唱戲相同。其苦樂悲歡。皆屬假妝。不由中出。縱有功德。亦不過人天癡福而已。而此癡福。必倚之以造惡業。其將來之苦。何有了期。【書一】十八

●曰誠。曰恭敬。此語舉世咸知。此道舉世咸昧。某某由罪業深重。企消除罪業。以報佛恩。每尋求古德之修持懿範。由是而知誠與恭敬。實爲超凡入聖。了生脫死之極妙祕訣。故常與有緣者。諄諄言之。【書一】四四

●至於閱經。若欲作法師，爲衆宣揚，當先閱經文，次看註疏。若非精神充足，見解過人，罔不徒勞心力，虛喪歲月。若欲隨分親得實益，必須至誠懇切，清淨三業。或先端坐少頃，凝定身心。然後拜佛朗誦，或止默閱。或拜佛後，端坐少頃，然後開經。必須端身正坐，如對聖容，親聆圓音。不敢萌一念懈怠，不敢起一念分別。從首至尾，一直閱去。無論若文若義，一概不加理會。如是閱經，利根之人，便能悟二空理，證實相法。卽根機鈍劣，亦可以消除業障，增長福慧。六祖謂但看金剛經，卽能明心見性，卽指如此看耳。故名曰但。能如此看，諸大乘經，皆能明心見性。豈獨金剛經爲然。若一路分別，此一句是什麼義，此一段是什麼義，全屬凡情妄想卜度思量。豈能冥符佛意，圓悟經旨，因茲業障消滅，福慧增崇乎。若知恭敬，猶能少種善根。倘全如老學究之讀儒書，將見褻慢之罪，嶽聳淵深。以善因而招惡果，卽此一輩人也。古人專重聽經，以心不能起分別故。如有一人出聲誦經，一人於旁，攝心諦聽。字字句句，務期分明。其心專注，不敢外緣一切聲色。若稍微放縱，便致斷絕，文義不能貫通矣。誦者有文可依，心不大攝，亦能誦得清楚。聽者惟聲是託，一經放縱，便成割裂。若能如此聽，比誦者能至誠恭敬之功德等。若誦者恭敬稍疏，則其功德，難與聽者相比矣。今人視佛經如故紙，經案上雜物與經亂堆，而手不盥洗，口不漱蕩，身或搔攞，足或翹舉。甚至放屁搵腳，一切肆無忌憚，而欲閱經獲福滅罪。唯欲滅佛法之魔王。爲之證明讚歎。謂其活潑圓融。深合大乘不執著之妙道。眞修實踐之佛子見之。唯有黯然神傷。潸焉出涕。嗟其魔眷橫興。無可如何耳。智者誦經。豁然大悟。寂爾入定。豈有分別心之所能得哉。一古德寫法華經。一心專注。遂得念極情亡。至天黑定。尚依舊寫。侍者入來言天黑定了。只麼還寫。隨卽伸手不見掌矣。如此閱經與參禪看話頭。持呪念佛。同一專心致志。至於用力之久。自有一旦豁然貫通之益耳。明雪嶠信禪師。寧波府城人。目不識丁。中年出家。苦參力究。忍人所不能忍。行人所不能行。其苦行實爲人所難能。久之。大徹大悟。隨口所說。妙契禪機。猶不識字。不能寫。久之則識字矣。又久之則手筆縱橫。居然一大寫家。此諸利益。皆從不分別專精參究中來。閱經者。亦當以此爲法。【書一】四六

●閱經時。斷斷不可起分別。自然妄念潛伏。天眞發現。若欲研究義理。或翻閱註疏。當另立一時。唯事研究。當研究時。雖不如閱時之嚴肅。亦不可全無恭敬。不過比閱時稍舒泰些。未能業消智朗。須以閱爲主。研究但略帶。否則終日窮年。但事研究。縱令研得如撥雲見月。開門見山一樣。亦只是口頭活計。於身心性命生死分上。毫無干涉。臘月三十日到來。決定一毫也用不著。若能如上所說閱經。當必業消智朗。三種情見。當歸於無何有之鄉矣。若不如是閱經。非但三種情見。未必不生。或恐由宿業力。引起邪見。撥無因果。及淫殺盜妄種種煩惱。相繼而興。如

火熾然。而猶以爲大乘行人。一切無礙。遂援六祖心平何勞持戒之語。而諸戒俱以破而不破爲眞持矣。甚矣。修行之難得眞法也。所以諸佛諸祖。主張淨土者。以承佛慈力制伏業力。不能發現耳。當以念佛爲主。閱經爲助。【書一】四七

●夫如來滅度。所存者唯經與像。若以土木金彩等像視作眞佛。即能滅業障而破煩惑。證三昧而出生死。若以土木金彩視之。則亦土木金彩而已。又土木金彩。褻之則無過。若以褻土木金彩之佛像。則其過彌天矣。讀誦佛經祖語。直當作現前佛祖爲我親宣。不敢稍萌怠忽。能如是者。我說其人必能即生高登九品。徹證一眞。否則是游戲法門。其利益不過多知多見。說得了了。一絲不得眞實受用。乃道聽途說之能事也。古人於三寶分中。皆存實敬。不徒泛泛然口談已也。今人口尚不肯談一屈字。况實行乎。【書一】六七

●光近見刺血寫經者。直是造業。以了無恭敬。刺血則一時刺許多。春秋時。過二三日即臭。夏日半天即臭。猶用以寫。又有將血曬乾。每寫時用水研乾血以寫之者。又所寫潦草。毫不恭敬。直是兒戲。不是用血以表志誠。乃用刺血寫經。以博自己眞心修行之名耳。【書一】七二

●寫經不同寫字屏。取其神趣。不必工整。若寫經。宜如進士寫策。一筆不容苟簡。其體必須依正式體。若座下書札體格。斷不可用。古今人多以行草體寫經者。光絕不贊成。【書一】七二

●今人書經。任意潦草。非爲書經。特藉此以習字。兼欲留其筆迹於後世耳。如此書經。非全無益。亦不過爲未來得度之因。而其褻慢之罪。亦非淺鮮。【書一】七二

●所書法華經。見其筆法堅勁精秀。不勝欽佩。但其用筆。猶有文人習氣。於流通法道。似有未合。如俗體、帖體、變體等。則有從俗之弊。又有執泥古體。如魔作磨。懸作縣。瑪瑙硨磲作馬腦車渠。陣作陳等。則有違時之失。如必曰悉依古文。即時行正體。皆不堪用。則字字皆須更換。無一字可用矣。楊仁山破泥古者曰。字須遵時。何必泥古。如必欲從古。且請先從人入二字改起。古人字作八。入字作人。如人入不能改。則餘字何須特改。且古體亦非當日蒼頡所制之字。不知幾何變更。方成此體。君既好古。宜從蟲文鳥書爲正體。則吾無由置喙矣。否則畢竟爲無事生事。勞而無功。生今反古。聖有明訓。如莊居士志在流通。當一掃文人習氣。字字遵時。凡諸破體俗體等。一概不用。俾一筆一畫。皆可爲法。【書一】八三

●如於淨土一法。不能死盡偷心。決志修持。於主敬存誠。克己復禮等。猶欲以不執著。爲疏散放逸。作遮護之巧符。則其所得之利益。固非光劣知劣見所得而知也。餘則光蕪鈔中已備言之。故不多瀆。看經一事。惟恭敬方能得益。若不恭敬。縱得亦不過依文解義之益。而其業消智朗。徹悟自心。斷斷無此僥倖。況褻慢之過。有不可勝言者乎。此舉世通病。可爲痛哭流涕長太

息者。【書一】七八

●禮佛儀式。極忙之人。不便特立。但至誠懇切。口稱佛號。身禮佛足。必致其如在之誠則可矣。【書二】二二

●舍利不能禮拜。叢林不能親炙。有何所欠。但能見佛像。卽作眞佛想。見佛經祖語。卽作佛祖面命自己想。必恭必敬。無怠無忽。則終日見佛。終日親炙諸佛、菩薩、祖師、善知識。舍利叢林云乎哉。【書二】二四

●知所寄白布。託壬年以打印者。此事罪過之極。以菩薩名號作拜墊用。已屬褻瀆至極。況尚有就地作坐墊用者。余光緒二十年在普陀一見。二十一年在育王又見。以爲詫異。告於舍利殿殿主。彼云。此寧波家風也。自慚無力挽此惡風。使光若作一方主人。當必到處聲明此事之過。俾有信心者。唯得其益。不受其損也。【書二】三六

●大覺世尊所說一切大乘顯密尊經。悉皆理本唯心。道符實相。歷三世而不易。舉十界以咸遵。歸元復本。爲諸佛之導師。拔苦與樂。作衆生之慈父。若能竭誠盡敬。禮誦受持。則自他俱蒙勝益。幽顯同沐恩光。猶如意珠。似無盡藏。取之不匱。用之無窮。隨心現量。悉滿所願。楞嚴所謂。求妻得妻。求子得子。求三昧得三昧。求長壽得長壽。如是乃至求大涅槃得大涅槃。夫大涅槃

者。究竟果德。若論如來本心契經全力實屬乎此。但以衆生志願狹劣。與夫致誠未極。不能直契。故隨彼行心滿彼所願。倘宿根深厚之士。則頓明自性。徹證唯心。破煩惑而直趣菩提圓福慧而速成覺道。獲契經之全益。暢如來之本懷矣。譬如一雨普潤。卉木同榮。大根則拂雲以蔽日。小根則長寸而增分。道本唯一眞如益隨心而勝劣。然善根苟種。佛果終成。縱不能卽獲巨益。亦必以因茲度脫。聞塗毒鼓。遠近皆喪。食少金剛。決定不消。先以欲鈎牽。後令入佛智者。其斯之謂歟。【論】十四

●經云。人身難得。佛法難聞。若非宿有因緣。佛經名字。尚不能聞。況得受持讀誦。修因證果者乎。然如來所說。實依衆生卽心本具之理。於心性外。了無一法可得。但以衆生在迷。不能了知。於眞如實相之中。幻生妄想執著。由茲起貪瞋癡。造殺盜淫。迷智慧以成煩惱。卽常住而爲生滅。經塵點劫。莫之能反。幸遇如來所說大乘顯密諸經。方知衣珠固在。佛性仍存。卽彼客作賤人。原是長者眞子。人天六道。不是自己住處。實報寂光。乃爲本有家鄉。回思從無始來。未聞佛說。雖則具此心性。無端枉受輪迴。眞堪痛哭流涕。聲震大千。心片片裂。腸寸寸斷矣。此恩此德。過彼天地父母奚啻百千萬倍。縱粉身碎骨。曷能報答。【論】十六

●今之緇素。翻閱佛經。毫無誠敬。種種褻慢。難以枚舉。而習行既久。彼此相安。其褻慢之迹。不

忍備言。視如來之法言，同破壞之故紙。且勿謂不知旨趣者，了無所益。卽深知實義者，亦只是口頭三昧，面門輝光。如飢說食，如貧數寶。雖有研究之功，絕無實證之益。況褻慢之罪，奚啻彌天。而受苦之期，豈止窮劫。雖是善因，反招惡果。縱爲將來得度之因，難免多劫備受其苦。用是心懷慘傷，敢陳芻蕘。企依佛教以奉行，庶得唯益而無損。【論】十六

●金剛經云，若是經典所在之處，卽爲有佛，若尊重弟子。又云，在在處處，若有此經，一切世間，天、人、阿修羅，所應供養。當知此處，卽爲是塔，皆應恭敬，作禮圍繞，以諸華香，而散其處。何以令其如此。以一切諸佛，及諸佛阿耨多羅三藐三菩提法，皆從此經出。故而諸大乘經，處處敎人恭敬經典，不一而足。良以諸大乘經，乃諸佛之母，菩薩之師，三世如來之法身舍利，九界衆生之出苦慈航。雖高證佛果，尙須敬法。類報本追遠，不忘大恩。故涅槃經云，法是佛母，佛從法生。三世如來，皆供養法。況博地凡夫，通身業力，如重囚之久羈牢獄，莫由得出。何幸承宿世之善根，得覩佛經。如囚遇赦書，慶幸無極。固將依之以長揖三界，永出生死牢獄，親證三身，直達涅槃家鄉。無邊利益，從聞經得。豈可任狂妄之知見，不存敬畏，同俗儒之讀誦，輒行褻黷。【論】十六

●聖賢之道，唯誠與明。聖狂之分，在乎一念。聖罔念則作狂，狂克念則作聖。其操縱得失之象，喻如逆水行舟，不進則退。不可不勉力操持，而稍生縱任也。須知誠之一字，乃聖凡同具。一如

不二之眞心。明之一字。乃存養省察。從凡至聖之達道。然在凡夫地。日用之間。萬境交集。一不覺察。難免種種違理情想。瞥爾而生。此想既生。則眞心遂受錮蔽。而凡所作爲。咸失其中正矣。若不加一番切實工夫。克除淨盡。則愈趨愈下。莫知底極。徒具作聖之心。永淪下愚之隊。可不哀哉。然作聖不難。在自明其明德。欲明其明德。須從格物致知下手。倘人欲之物。不能極力格除。則本有眞知。決難徹底顯現。【序】十五

●若請法齋主。與作法諸師。各皆竭誠盡敬。則其利益。非言所宣。如春回大地。草木悉荷生成。月麗中天。江河各現影象。故得當人業消智朗。障盡福崇。先亡咸生淨土。所求無不遂意。並令歷劫怨親。法界含識。同沐三寶恩光。共結菩提緣種。若齋主不誠。則出錢之功德有限。慢法之罪過無窮。僧衆不誠。則是鼓橐籥以爲經。交杵碓以成禮。於三寶龍天降臨之際。作鹵莽滅裂塞責之行。其不至罪山聳峙。福海乾枯。生罹災禍。死受譴謫者。何可得也。【序】五八

六　告注重因果

甲　論因果之理

●因果一法。爲佛教入門之初步。亦爲誠意、正心、修身、齊家、治國、平天下之要圖。【書二】十

●因果者。世出世間聖人。平治天下。度脫衆生之大權也。今時若不以因果爲救國救民之急

務，任汝智巧道德，如何高超，皆屬虛設。以不講道理，兼無王法故也。【書二】十一

●古之聖賢，無不戰戰兢兢以自操持，故其心不隨富貴窮通所轉。窮則獨善其身，達則兼善天下。今之人，於日用云為，父子兄弟夫婦之間，尚不能一一如法，稍有知見，便妄企作出格高人。未得其權，則肆其狂妄之瞽論，以惑世誣民。已得其位，則逞其暴虐之惡念，以誤國害民。其病根，皆在最初其父母師友，未曾以因果報應之道，以啟迪之也。使稍知因果報應，則舉心動念，皆有所畏懼，而不敢肆縱。卽不欲希聖希賢，戰戰兢兢，如臨深淵，如履薄冰，不可得也。以故天姿高者，更須要從淺近處著手。勿以善小而不為，勿以惡小而為之。少時栽培成性，如小樹標使壁直，及至長成，欲令其曲，不可得也。【書二】十一

●醫家治病，急則治標，緩則治本。譬如有人咽喉臃腫，飲食難入，氣息難出，必先消其腫，然後方可按其病原，調理臟腑。若不先消其腫，則人將立斃，縱有治本之良方妙藥，將何所施。因果者，卽今日消腫之妙法也。然因果一法，標本統治。初機依之，可以改惡修善，通人依之，可以斷惑證眞，乃徹上徹下，從博地凡夫以至圓滿佛果，皆不能離者，豈徒治標哉。【書二】二三

●因果一法，乃世出世間聖人，烹凡煉聖之大冶洪爐。若最初不以因果是究，則通宗通教之後，尚或有錯因果事。因果一錯，則墮落有分，超昇無由矣。且勿謂此理淺近而忽之。如來成正

覺。衆生墮三途。皆不出因果之外。而凡夫心量小。凡經中所說之大因果處。或領會不及。當以世間淺近者。爲入勝之方便。如文昌陰騭文。太上感應篇等。感應篇。揚州藏經院。有感應篇彙編。爲古今註此篇者之冠。文理俱佳。有四本。俾熟讀而詳審以行之。則人人可以爲良民。人人可以了生死矣。光前年曾刻安士全書。文鈔中有二序。可知大概。板存揚州各經房。皆爲流通。誠淑世善民之要書也。【書二】二九

●昔白居易問鳥窠禪師。如何是佛法的的大意。窠曰。諸惡莫作。衆善奉行。白曰。這兩句話。三歲孩童也會恁麼道。窠曰。三歲孩童雖道得。八十老翁行不得。須知此語。乃一切學佛法人之總關切要語。【書二】三十

●諸惡莫作二句。乃三世諸佛之略戒經。切勿淺視。當從舉心動念處審察。若能推致其極。尙可以上成佛道。况其餘福慧果位乎哉。【書一】九六

●示戒善關人天之坦路。明因果陳趨避之良謨。言戒善者。五戒。不殺。卽仁。不盜。卽義。不邪淫。卽禮。不妄語。卽信。不飮酒。則心常清而志凝。神不昏而理現。卽智。五戒全持。不墮三途。恆生人道。此與儒之五常大同。第儒唯令盡義。佛則兼明果報耳。十善者。不殺不盜不邪淫。名身三業。不妄言。不綺語。不兩舌。不惡口。名口四業。不貪。不瞋。不癡。名意三業。此與五戒大同。而五戒多分約身。十善多分約心。十善具足。定生天界。至於遇父言慈。遇子言孝。對兄說友。對弟說恭。種

種倫理之教。則皆欲使人各盡其分。無或欠缺。隨順世相。修出世法。若夫廣明因果報應。不爽毫釐。墮獄生天。唯人自召。乃如來至極悲心。欲令衆生永離衆苦。但受諸樂耳。故不惜現廣長舌相。爲諸衆生盡情宣演。經云。菩薩畏因。衆生畏果。若欲不受苦果。必須先斷惡因。若能常修善因。決定恆享樂果。此卽書作善降祥。作不善降殃。易積善必有餘慶。積不善必有餘殃之意。但儒唯約現世與子孫言。佛則兼過去現在未來三世無盡而論。而凡情未測。視作渺茫。不肯信受。如盲背導師。自趣險道。欲不墮坑落塹。何可得耶。【論】十四

●提倡因果報應。乃仰承天地聖人之心。以成全世人道德仁義之性德也。若以因果報應爲渺茫無稽。不但違背天地聖人之心。自己神識。永墮惡趣。且使上智者不能奮志時敏。聿修厥德。下愚者無所忌憚。敢於作惡。以致天地聖人化育之權。抑而不彰。吾人卽心本具之理。隱而弗現。其爲禍也。可勝言哉。但以世間聖人語言簡略。又且只說現生。及與子孫。至於生之以前。死之以後。與從無始以來。隨罪福因緣。輪迴六道。皆未發明。以故識見淺者。雖日讀聖人因果報應之言。猶然不信因果報應。如來大教。顯示吾人心性之妙。與夫三世因果之微。舉凡格致誠正。修齊治平之道。與夫斷惑證眞。了生脫死之法。無不備具。是故遇父言慈。遇子言孝。兄友弟恭。夫倡婦隨。主仁僕忠。各盡己分。則與世間聖人所說。了無有異。而復一一各示前因後果。

則非世間聖人所能及。盡義盡分之語。只能教於上智。不能制其下愚。若知因果報應。則善惡禍福。明若觀火。其誰不欲趨吉而避凶。免禍而獲福乎。【論】二十

●華嚴經云。一切衆生。皆具如來智慧德相。但因妄想執著。不能證得。是知智慧德相。乃生佛所同。卽性德也。有妄想執著。離妄想執著。則生佛迥異。卽修德也。修德有順有逆。順性而修。愈修愈近。修極而徹證。證而了無所得。逆性而修。愈修愈遠。修極而永墮惡道。墮而了無所失。了此。則愚者可賢。賢者可愚。壽者可夭。夭者可壽。富貴貧賤。及與子孫之蕃衍滅絕。一一皆可自作主宰。則有憑據者亦可無憑據。無憑據者亦可有憑據。如山之高不可登。人不能由。不妨鑿巖設砌。則絕頂亦可直到矣。古今人。不知隨心造業。隨心轉業之義。多少大聰明大學問人。弄得前功盡棄。尚且遺害累劫。若不修德。卽親身做到富有天下。貴爲天子。與夫位極人臣。聲勢赫奕之宰輔地位。有不卽世而身戮門滅者哉。是親得者皆無憑也。袁了凡頗會此義。故一切所享者。皆非前因所定也。前因俗所謂天。天定者勝人。謂前因之難轉也。人定者亦可勝天。謂兢業修持。則前因不足恃。是以現因爲因而消滅前因也。若恣意妄爲。則反是。了此。則欲愚者賢。庸平者超拔。皆在自己之存心修德。隨時善教而已。【書一】六四

●命者何。卽前生所作之果報也。又依道義而行所得者。方謂之命。不依道義而行所得者。皆

不名命。以此得之後，來生之苦，殆有不忍見聞者。如盜劫人錢財，暫似富裕，一旦官府知之，必至身首兩分。何可以暫時得樂，便謂之爲命。力者何，卽現生之作爲之謂。然作爲有二。一則專用機械變詐之才智，一則專用克己復禮之修持。列子所說之命，混而不分。所說之力，多主於機械變詐，故致力被命屈，無以回答。以孔子困陳蔡，田恆有齊國爲命，是尙可謂之知命哉。孔子不遇賢君，不能令天下治安，乃天下羣黎之業力所感，於孔子何干。顏淵之夭，義亦若此。田恆之有齊，乃篡奪而有，何可爲命。現雖爲齊君，一氣不來，卽爲阿鼻地獄之獄囚。謂此爲命，是教人勿修道義，而肆志劫奪也。吾固曰，列子不知命。不觀孟子之論命乎，必窮理盡性，以至於命，方爲眞命。則不依道義而得，不依道義而失，皆非所謂命也。列子論力，多屬於機械變詐之才智，聖賢之所不言。聖賢所言者，皆克己復禮之修持也。唯聖罔念作狂，唯狂克念作聖。積善之家，必有餘慶。積不善之家，必有餘殃。作善降之百祥，作不善降之百殃。木從繩則正，后從諫則聖。惠迪吉，從逆凶。惟影響。行年五十，而知四十九年之非。欲寡其過而未能。假我數年，五十以學易，可以無大過矣。人皆可以爲堯舜。戒愼乎其所不睹，恐懼乎其所不聞，皆力也。此儒者之言也。至於佛教，則以一切衆生，皆有佛性，皆當作佛。令其懺悔往業，改惡修善，必期於諸惡莫作，衆善奉行。以戒執身，不行非禮。以定攝心，不起妄念。以慧斷惑，明見本性。皆克己復禮修持之力。依是力而行。尚可以上成佛道。況其下焉者。故楞嚴經云。求妻得妻。（求妻者。求賢慧貞靜之妻也。否則妻何得向菩薩求。）求子得子。求長壽得長壽。求三昧得三昧。如是乃至求大涅槃得大涅槃。大涅槃者。究竟佛果。皆由依教修持而得。其力之大。何可限量。袁了凡遇孔先生算其前後諸事。一一皆驗。遂謂命有一定。後蒙雲谷禪師開示。兢業修持。孔生所算。一毫不應。然了凡乃一賢者。使其妄作非為。則孔生所算。亦當不靈。是知聖賢訓世。唯重修持。如來教人。亦復如是。故所說大小權實法門。無非令衆生斷除幻妄之惑業。徹證本具之佛性。故世有極愚極鈍者。修持久久。即可得大智慧大辯才。列子以一切皆歸於命。則是阻人希聖希賢之志。而獎人篡奪奸惡之心。俾下焉者受此禍害於無窮。即上焉者。亦頹奮志時敏之氣。以致終身不入聖賢之域。作一碌碌庸人。此一篇文完全於世無益。有何可研究之價值乎哉。【書一】九四

●吾常謂世間人民。十分之中。由色欲直接而死者。有其四分。間接而死者。亦有四分。以由色欲虧損。受別種感觸而死。此諸死者。無不推之於命。豈知貪色者之死。皆非其命。本乎命者。乃居心清貞。不貪欲事之人。彼貪色者。皆自戕其生。何可謂之為命乎。至若依命而生。命盡而死者。不過一二分耳。由是知天下多半皆枉死之人。此禍之烈。世無有二。可不哀哉。可不畏哉。亦有不費一錢。不勞微力。而能成至高之德行。享至大之安樂。遺子孫以無窮之福蔭。俾來生得

貞良之眷屬者，其唯戒淫乎。夫婦正淫，前已略說利害，今且不論。至於邪淫之事，無廉無恥，極穢極惡，乃以人身行畜生事。是以豔女來奔，妖姬獻媚，君子視爲莫大之禍殃而拒之，必致福曜照臨，皇天眷佑。小人視爲莫大之幸福而納之，必致災星蒞止，鬼神誅戮。君子則因禍而得福，小人則因禍而加禍。故曰，禍福無門，唯人自召。世人苟於女色關頭，不能徹底看破，則是以至高之德行，至大之安樂，以及子孫無窮之福蔭，來生貞良之眷屬，斷送於俄頃之歡娛也。哀哉。【序】八七

●因果二字，偏攝世出世間一切諸法，罄無不盡。世間聖人，非不明示因果。以其專主經世，欲其可繼可傳。因只局在現生，及先代後代。而不詳其生之以前，死之以後，及前自無始，後盡未來。後之學者，不能深體聖人之意，遂謂人物之生，特天地之氣，偶爾湊泊其形骸而已。其至於死，則形既朽滅，魂亦飄散。無因無果，成斷滅見。其負聖教而昧己靈也，甚矣。孔子之贊周易也，最初即曰，積善之家，必有餘慶。積不善之家，必有餘殃。箕子之陳洪範也，末後方明嚮用五福，威用六極。二者若不併過去、現在、未來三世而論，則上天之畀與，聖人之言論，明王之政令，諸多矛盾。（如奸黨榮貴，忠藎誅戮，顏淵短命，盜蹠長壽等。）若知前後因果，則窮通得喪，皆我自取。縱遇逆境，不怨不尤。只慚己德之未孚，不見人天之或失。樂天知命，無往而不自在逍遙也。【序】五

●一切不深窮理之士。與無知無識之人。若聞理性。多皆高推聖境。自處凡愚。不肯奮發勉勵。遵循從事。若告以過去、現在、未來、三世因果。或善或惡。各有其報。則必畏惡果而斷惡因。修善因而冀善果。善惡不出身口意三。既知因果。自可防護身口。洗心滌慮。雖在暗室屋漏之中。常如面對帝天。不敢稍萌匪鄙之心。以自干罪戾。此大覺世尊普令一切上中下根。致知、誠意、正心、修身、之大法也。然狂者畏其拘束。謂其著相。愚者防己愧怍。謂為渺茫。除此二種人。有誰不信受。故夢東云。善談心性者。必不棄離於因果。而深信因果者。終必大明夫心性。此理勢所必然也。須知從凡夫地。乃至圓證佛果。悉不出因果之外。有不信因果者。皆自棄其善因善果。而常造惡因。常受惡果。經塵點劫。輪轉惡道。末由出離之流也。哀哉。【序】十六

●佛法流通。利益無量。天機深者得其深。即可明心見性。斷惑證真。天機淺者得其淺。亦可改惡修善。希聖希賢。良以如來設教。雖則正為出世。而隨順機宜。循循善誘。故於經世之道。亦復發揮淨盡。毫善弗遺。遇父言慈。遇子言孝。兄友弟恭。夫倡婦隨。凡一切倫常日用之道。與儒教所說。了無異致。其所異者。一一各示三世因果。善惡報應。使人心存敬畏。不敢踰越。雖在暗室屋漏之中。常如面對佛天。即下而貪殘暴惡之倫。絕無信心。以久聞因果報應之事。其心已冥受制伏。亦不至十分酷烈。觀於列國殺人殉葬。以多為榮。佛教東來。遂息此風。可以見矣。【疏】五

●今之世。去堯舜禹湯文武三四千年。其世道人心。遠不能與古相比。然由知六道輪迴。隨業昇沈。天獄迭遷。人畜互變之故。雖剛强難化。了無信心之鉅惡元凶。其心亦被此法折伏。縱草菅人命。心猶隱伏一懼因畏果影子。遂不至十分暴惡。如列國諸侯。以所愛之臣妾及與百姓。殺而殉葬。動至數十數百而不以爲非。反以爲榮者。不猶此善於彼乎。夫文王澤及枯骨不數百年。而殺人殉葬之風。徧於天下。雖老、莊、孔、孟、齊出。尚不能挽其頹風。自佛法東來之後。生死輪迴因果報應之理。大明於世。勿論諸侯。卽南面稱朕。亦不敢行。縱有行者。亦斷不敢以多爲榮也。倘無此法。唯以正心誠意之說。令其推忠恕而篤胞與。息殉葬而全民生。吾恐勸之者徒勞。行之者益熾也。而况後儒唯知治道。不了自心。欲排佛法。强立門庭。皆謂一死永滅。無復後世。若非如來生死輪迴。因果報應之理。浹洽人心。則後世人民。其得正命而善終者。蓋亦鮮矣。斯蓋佛法中最極淺近之法。尚可勝殘去殺。而况至極深遠之圓頓大法。其世智凡情。又何能測度其利益於萬一也耶。【雜著】四

●佛法大無不包。細無不擧。不但依之可以斷惑證眞。了生脫死。卽格致誠正。修齊治平。明明德。止至善之道。若能會通佛法。則事半而功倍。以世間聖人所說。但止令人盡分。唯上智之人。方能恪遵。若在中下根性。則便漠然置之。佛則詳示因果報應。生死輪迴。及一切衆生。皆具佛

性。皆可成佛等事理。俾上智者。必期於證本有。下愚者。亦不敢肆意、縱情。以贖未來之苦。勢必改惡遷善。希聖希賢。雖在暗室屋漏之中。常如面對佛天。如來以三歸五戒十善。普攝在家男女。能修五戒十善。便可勝殘去殺。反澆復淳。永離三途惡報。常享人天快樂。最淺者尚能如是。況其最深者乎。故知如來爲三界大師。四生慈父。聖中之聖。天中之天。由是聖君賢相。通人達士。莫不依教修習。護持流通。以一切諸法。以心爲本。唯有佛法。究竟發明故也。【雜著】二七

乙　明因果之事

●經云。菩薩畏因。衆生畏果。菩薩恐遭惡果。預先斷除惡因。由是罪障消滅。功德圓滿。直至成佛而後已。衆生常作惡因。欲免惡果。譬如當日避影。徒勞奔馳。每見無知愚人。稍作微善。卽望大福。一遇逆境。便謂作善獲殃。無有因果。從茲退悔初心。反謗佛法。豈知報通三世。轉變由心之奧旨乎。報通三世者。現生作善作惡。現生獲福獲殃。謂之現報。今生作善作惡。來生獲福獲殃。謂之生報。今生作善作惡。第三生。或第四生。或十百千萬生。或至無量無邊劫後。方受福受殃者。謂之後報。後報則遲早不定。凡所作業。決無不報者。轉變由心者。譬如有人所作惡業。當永墮地獄。長劫受苦。其人後來生大慚愧。發大菩提心。改惡修善。誦經念佛。自行化他。求生西方。由是之故。現生或被人輕賤。或稍得病苦。或略受貧窮。與彼一切不如意事。先所作永墮地

獄，長劫受苦之業，即便消滅。尙復能了生脫死，超凡入聖。金剛經所謂，若有人受持此經爲人輕賤，是人先世罪業，應墮惡道，以今世人輕賤故，先世罪業，即爲消滅，當得阿耨多羅三藐三菩提者，即轉變由心之義也。【書一】二八

●世人稍遇災殃，不是怨天，便是尤人，絕無有作償債想，生悔罪心者。須知種瓜得瓜，種豆得豆。種稂莠則不能得嘉穀，種荊棘則勿望收稻粱。作惡獲福者，宿世之栽培深也。若不作惡。則福更大矣。譬如富家子弟，喫喝嫖賭，揮金如土，而不即凍餒者，以其金多也。倘日日如是，縱有百萬之富，不幾年即便家敗人亡，掃地而盡矣。作善遇殃者，宿世之罪業深也。若不作善。則殃更大矣。譬如犯重罪人，未及行刑，復立小功。以功小故，未能全赦，改重爲輕。倘能日日立功，以功多且大故，罪盡赦免，又復封侯拜相，世襲爵位，與國同休。【書一】二九

●須知逆來順受，始名樂天。修身植德，方曰盡性。世有愚人，不知夙生善惡，惟觀眼前吉凶。見作善而得禍，便謂善不當爲。作惡而得福，便謂惡不足戒。不知善惡之報，非一朝一夕之故，其所由來者漸。譬如三尺之冰，豈一朝之寒所能結。百川之泮，亦豈一日之煖所能消。切不可怨天而尤人，更不可猶豫而退悔。宜學俞淨意之修身，袁了凡之立命，【書一】二九

●如來說經，報通三世。凡人生子，略有四因。報通三世者，第一現報，謂現在作善作惡，現生獲

福獲殃。如士子習舉業。現身得功名。此凡眼能見者。第二生報。謂今生作善作惡。來生享福受罪。如祖父重斯文。子孫方發達。此則凡眼所不能見。天眼猶能見之。（今生來生。皆約本人說。然隔世之事。難以喻顯。權約祖父子孫。欲人易了。不可以詞害義。至禱。）第三後報。謂今生作善作惡。至第三生。或四五六七生。或十百千萬生。或一十百千萬劫。或至無量無邊恆河沙劫。方受善惡之報。如商周之王業。實肇基於稷契弼舜佐禹之時。若三四生等。天眼猶能見之。若百千萬劫。天眼則不能見。聲聞道眼。猶能見之。若無量無邊恆河沙劫。惟如來五眼圓明者能見。尚非聲聞道眼之境。況天眼肉眼哉。知此三報之義。則作善降祥。不善降殃。聖言原自無爽。富貴貧賤。壽夭窮通。天命未曾有偏。境緣之來。若鏡現像。智者但修鏡外之容。愚人徒憎鏡內之影。逆來順受。方為樂天。不怨不尤。始可立命。子有四因者。一者報恩。二者報怨。三者償債。四者討債。報恩者。謂父母於子。宿世有恩。為報恩故。來為其子。則服勞奉養。生事死葬。必使生則親歡。祭則鬼享。乃至致君澤民。名垂青史。令天下後世。敬其人而并敬其親。若曾魯公。陳忠肅王。龜齡。史大成。（曾陳王三公。皆宋名臣。史公。清初狀元。四公皆信佛。唯忠肅悟入甚深。以前世皆為高僧。故雖處富貴。猶能不昧本因耳。）今世之孝子賢孫。皆此類也。報怨者。謂父母宿世於子有負恩處。為報怨故。來為其子。小則忤逆親心。大則禍延親身。生無甘旨之養。死貽九泉之辱。又其甚者。身居權要。謀為不軌。滅門戮族。掘墳夷墓。使天下後世。唾罵其人。并及其親。若王莽。曹操。董卓。秦檜等是也。

償債者。子宿世負親資財。爲償債故。來爲其子。若所負者多。則可以終親之身。若所負者少。故不免半途而去。如學甫成名而喪命。商纔得利而殞身。討債者。謂親宿世負子資財。爲討債故。來爲其子。小債則徒費束脩、聘金、延師娶妻。及種種敎誨。欲望成立。而大限既到。忽爾喪亡。大債則不止如此。必致廢業蕩產。家敗人亡而後已。【書一】三十

●天下事。皆有因緣。其事之成與否。皆其因緣所使。雖有令成令壞之人。其實際之權力。乃在我之前因。而不在彼之現緣也。明乎此。則樂天知命。不怨不尤。素位而行。無入而不自得者矣。【書二】十

●培德。當常看感應篇。陰騭文。善則隨分隨力而行。惡則如怨如讎而去。袁了凡行功過格。乃認眞體察。絲毫不容放過。故命本不壽而壽。無大功名而大功名。無子而有子。【書二】四三

●凡發科發甲。皆其祖父有大陰德。若無陰德。以人力而發。必有大禍在後。不如不發之爲愈也。歷觀古今來大聖大賢之生。皆其祖父積德所致。大富大貴亦然。其子孫生於富貴。只知享福造業。忘其祖父一番栽培。從茲喪祖德以蕩祖業。任其貧賤。此舉世富貴人之通病。能世守先德。永久勿替者。唯蘇州范家爲古今第一。自宋文正公以來。直至淸末。八百餘年。家風不墜。科甲相繼。可謂世德書香之家。而長州彭家。自清初以來。科甲冠天下。其家狀元。有四五人。有

同胞三鼎甲者。而世奉佛法，雖狀元宰相，猶日誦感應篇陰騭文，以爲誠意正心，致君澤民之鑑。彼狂生謂此等書，乃老齋公老齋婆之所從事者，非但不知聖賢之所以爲聖賢，并不知人之所以爲人。生爲走肉行尸，死與草木同腐。而且惡業難消，永沈惡道。彼囂囂然自命爲博雅通人，致令後世并天地父母之名字亦不得聞者，何可勝數。【書二】四五

●且勿謂吾家素寒，不能廣積陰德，大行方便。須知身口意三業皆惡，卽莫大之惡。倘三業皆善，卽莫大之善。至如愚人，不信因果，不信罪福報應，侃侃鑿鑿，依安士全書等所說，爲其演說。令其始則漸信因果，繼則深信佛法，終則往生西方，了生脫死。一人如是，功德尚無量無邊，何況多人。然須躬行無玷，方可感化同人。自己妻女，能信受奉行，別人自能相觀而善矣。豈在資財多乎哉。【書一】十七

●人生世間，所資以成德達才，建功立業，以及一才一藝，養活身家者，皆由文字主持之力，而得成就。字爲世間至寶，能使凡者聖，愚者智，貧賤者富貴，疾病者康寧。聖賢道脈，得之於千古。身家經營，遺之於子孫。莫不仗字之力。使世無字，則一切事理，皆不成立，而人與禽獸無異矣。既有如是功力，固宜珍重愛惜。竊見今人任意褻汙，是直以至寶等糞土耳。能不現生折福折壽，來生無知無識乎哉。又不但有形之字，不可褻汙遺棄，而無形之字，更不可褻汙遺棄。孝弟

忠信禮義廉恥。若不措之躬行。則成亡八字矣。八字既亡。則生為衣冠禽獸。死墮三途惡道矣。可不哀哉。【論】二三

丙　釋劫運之由

●娑婆之苦。說不能盡。縱時屬昇平。仍然日在苦惱中。以眾生久習相安。遂不知耳。近來中國屢經兵燹。已是苦不堪言。而外洋各國三年大戰。人死近千萬。為開闢第一兵劫。而戰勢尚盛。不知何所底極。靜言思之。誠堪畏懼。而彼方力求其所以剿滅他國之道。其眾生往昔惡業所招之惡報。亦何至於此極哉。今聞此說。當憤發大心。以速求往生。然後迴入娑婆。普度一切。經云。菩薩畏因。眾生畏果。菩薩恐招惡果。故斷惡因。惡因斷。而惡果無從而生。眾生競作惡因。至受惡果。受惡果時。不知自懺往業。又復更造惡法以為對治。則怨怨相報。經劫不息。可不哀哉。可不畏哉。知是而不求生西方者。非夫也。【書一】三七

●世當劫濁。互相戕賊。不有護身符子。斷難永無禍害。所謂護身符子。亦只至誠禮念阿彌陀佛而已。而觀音大士。悲願洪深。尋聲救苦。隨感即應。宜於朝暮禮念佛外。加以禮念大士。則冥冥之中。必蒙加被。自可轉禍為福。遇難成祥。而不自知也。【書二】二二

●天下不治。匹夫有責。使人人各秉誠心。各盡孝弟。各行慈善。矜孤恤寡。救難憐貧。戒殺放生。

喫素念佛。則人以善感。天以福應。自然雨順風調。民康物阜。決不至常降水旱瘟蝗風吹地震等災。而時和年豐。人樂其業。加以慈和仁讓。相習成風。縱有一二愚頑。亦當化為良善。如矜梁上之君子。一方永絕竊賊。瞷匿室之偷兒。此後遂成善士。古人仁慈為政。真誠愛民。尚能感化異類。如虎不入境。魚徙他方等瑞徵。載諸史册。不一而足。果能各以慈善相感。斷不至常有土匪刀兵。蹂躪劫掠等禍。【論】二十

●須知佛法。以因果報應。為下學上達。原始要終之道。今之上無道揆。下無法守。彼此相戕。以殺為樂。只圖自己快意。不顧國家存亡。民生痛苦者。皆由不知因果報應之所釀成也。予常曰。因果者。世出世間聖人。平治天下。度脫衆生之大權也。當今之世。若不提倡因果報應。生死輪迴之事理。欲令天下太平。人民安樂。雖佛祖聖賢齊出。亦末如之何也已矣。【序】四六

●世道陵夷。人心澆漓者。由於儒者不知道在躬行。一向逐末。舉凡克己復禮。閑邪存誠之義。置之不論。唯以記誦詞章。擬為進取應世之資。是殆以聖人參贊化育之道。作為博取名利之藝。其誣衊聖人。悖逆天地也至矣。由是讀書之人。心不知書義。而身不行書道。其作文也。則發揮孝弟忠信。禮義廉恥之道。直使一絲不漏。而考其居心行事。則絕無此等氣分。直同優人演劇。苦樂悲歡。做得逼真。實則毫與自己不相干涉也。此弊一肇。漸至變本加厲。於是有天姿者。

習爲狂妄。恥循堯舜周孔之迹。卽欲駕而上之。竟至廢棄聖經。崇尙歐化。一倡百和。靡然風從。遂致一班惡劣小人。欲遂自己肆行無忌之念。汲汲然提倡推翻有礙於己之綱常倫理。急欲實行大害羣衆之殘賊主張。俾人民無法相安。致令天災人禍相繼降作。國運危岌。民不聊生。譬如夜行廢燭。海行廢舟。欲不隕越沈溺。其可得乎。【序】五五

●近來世道人心陷溺已極。天災人禍頻頻降作。憂世之士。以爲此等業果。皆由殺起。倘能知物不可殺。則斷無殺人之理。由是各懷慈善。互相扶持。自可移風易俗。感召天和矣。【疏】三

●須知放生原爲戒殺。戒殺必從喫素始。倘人人各戒殺。人人各喫素。則家習慈善。人敦禮義。俗美風淳。時和年豐。何至有刀兵劫起。彼此相戕之事乎。此挽囘天災人禍正本清源之要務也。凡有欲家門清泰。身心康寧。天下太平。人民安樂者。請皆於戒殺放生。喫素念佛中求之。則求無不得矣。【疏】三

●甚矣。近世天災人禍之頻數。而人民死亡之多且慘也。豈天道之不仁哉。實吾人歷劫以及現生之惡業所感召耳。斷無有無因而得果者。亦斷無有作善業而得惡果者。但以凡夫知見。不能了知宿世因緣。似乎亦有不當得而得者。若能曠觀多劫多生。則凡所受之善惡果報。一一皆如響之應聲。影之隨形。了無差爽也。【雜著】六

●今之世道人心陷溺已至極點。若不以因果報應生死輪迴。及一切衆生皆具佛性。皆可成佛爲訓。決難收效。以吾人一念心性。不變隨緣。隨緣不變。隨悟淨緣。則證三乘及佛法界。隨迷染緣。則成人天及四惡趣法界。雖十法界之昇沉苦樂天地懸殊。而本有心性。在凡不減。在聖不增。倘諦了此義。雖使喪身失命。決不肯舍悟淨緣。取迷染緣。以致永劫輪迴。莫之能出也。是知因果報應生死輪迴等法。乃標本同治。凡聖共由之大道。世出世間聖人平治天下度脫衆生之大權也。當今之世。若舍此法。雖堯舜禹湯文武周孔齊出。亦末如之何也已矣。【雜著】三八

●三界無安。猶如火宅。衆苦充滿。甚可怖畏。衆生愚癡。常住其中。縱受極苦。不求出離。雖有本具佛性。由其迷背。反作起惑造業之本。以致經塵點劫。莫由解脫。可不哀哉。況今世道人心陷溺已極。殺劫之慘。振古未聞。加以新學潮流。撥無因果。聖賢道義。斥爲迂腐。任己臆見而爲提倡。盲引盲衆。相牽入火。致令天災人禍。相繼降作。蚩蚩蒸民。誠堪憐憫。於是有心世道者。奮發大志。欲爲救援。以爲此等業果。皆由唯知自私自利。不知三世因果。善惡報應。以爲人死神識卽滅。有何靈魂。隨罪福因緣。受生於人天及三途惡道耳。旣善惡同一磨滅。何不任意所爲。以期身心快樂乎。由是逆天悖理。損人利己。以及殺害生命。取悅口腹之事。熾然競作。無所顧忌。使知三世因果。當卽恐其受報。而不敢稍萌此念。況實行其事乎哉。是知我佛所說三世因果。

生死輪迴之事理。乃無明長夜之慧日也。而念佛求生西方極樂世界。乃生死苦海之慈航也。欲挽劫運。捨此末由。【雜著】三一

丁，示戒殺之要

●天地之大德曰生。如來之大道曰慈。人物雖異。心性是同。舉凡三乘、六凡。如來視之。皆如一子。何以故。以其皆具佛性。皆堪成佛故。三乘且置。六凡。天、人、阿修羅、畜生、鬼、地獄。雖則高下懸殊。苦樂迥異。總皆未斷惑業。未出生死。天福若盡。卽便下降。獄罪若滅。仍復上昇。猶如車輪。互爲高下。我今幸得人身。理宜委曲設法。護惜物命。體天地好生之德。全吾心惻隱之仁。良以諸物與我。同生於天地之間。同受天地之化育。而且同知貪生。同知畏死。仁人於枯骨。尚且掩而埋之。於草木尙且方長不折。況肯爲悅我口腹。令水陸諸物受刀砧烹煮之苦哉。須知此等諸物。從無始來。亦曾高居尊位。威權赫奕。不知借威權以培德。反致仗威權以造業。竟使惡業叢集。墮於異類。口不能言。心無智慮。身無技術。以避此難。雖弱肉強食。於事則得。而怨恨所結。能無生生世世圖報此怨之念乎。人縱不念諸物被殺之苦。獨不懼怨業深結。常被彼殺乎。又不懼殘害天物。天將奪我福壽乎。人惟欲眷屬團聚。壽命延長。身心安樂。諸緣如意。正應發大悲心。行放生業。使天地鬼神。悉皆愍我愛物之誠。則向之所欲。當可卽得。若仗我有錢財。我有智

力，設種種法，掩取諸物，以取悅我口腹，不計彼之痛苦。尚得謂與天地並立爲三之人矣乎。然我與彼等，同在生死。從無始來，彼固各各皆爲我之父母兄弟妻妾子女，我亦各各皆爲彼之父母兄弟妻妾子女。彼固各各或於人中，或於異類，皆被我殺，我亦各各或於人中，或於異類，皆被彼殺。爲親爲怨，相生相殺。靜言思之，愧不欲生。急急改圖，尚悔其遲。況肯蹈常襲故，仍執迷情，以爲天生異類，原爲供人食料乎。然我尚具足惑業，固無由出於輪迴之外。萬一彼罪已滅，復生人道。善根發生，聞法修行，斷惑證眞，得成佛道。我若墮落，尚當望彼垂慈救援，以期離苦得樂，親證佛性。豈可恃一時之强力，俾長劫以無救乎哉。【序】四四

●須知人與物類，同此血肉之軀，同此靈知之性。同生於天地之間。但以彼此宿世罪福不同，致使今生形質靈蠢各異。以我之强，陵彼之弱。以彼之肉，充我之腹。快心樂意，謂爲福報。而不知其福力一盡，業報現前，墮彼異類，受人殺戮時，則身不能敵，口不能言，中心憂懼痛楚，方知食肉之事，爲大罪過。食肉之人，爲眞羅刹。雖欲不令人殺而食之，不可得也。故楞嚴經云，以人食羊，羊死爲人，人死爲羊。如是乃至十生之類，死死生生，互來相噉。惡業俱生，窮未來際。又況多劫以來，更互相生。既無道力以行救濟，忍使彼受刀砧極苦，我享口舌滋味乎。入楞伽經，世尊種種訶斥食肉。有云，一切衆生，從無始來，在生死中，輪迴不息。靡不曾作父母兄弟男女眷

屬，乃至朋友親愛侍使，易生而受鳥獸等身，云何於中取之而食。凡諸殺生食肉之人，若念及此，當卽怵然驚，憬然悟，寧可自殺，不能殺一切物矣。【序】五八

●我與一切衆生，皆在輪迴之中。從無始來，展轉相生，展轉相殺。彼固各各皆爲我之父母兄弟姊妹兒女，我亦各各皆爲彼之父母兄弟姊妹兒女。彼固頻頻由惡業力，或於人中，或於異類，受我殺戮。我亦頻頻由惡業力，或於人中，或於異類，受彼殺戮。久經長劫，相生相殺，了無底止。凡夫不知，如來洞見。不思則已，思之則不勝慚愧悲憫矣。我今幸承宿世福善，生於人道。固宜解怨釋結，戒殺放生。令彼一切有生命者，各得其所。又爲念佛回向淨土，令得度脫。縱彼業重，未能卽生，我當仗此慈善功德，決祈臨終往生西方。既往生已，卽得超凡入聖，了生脫死，永出輪迴，漸證佛果矣。且愛物放生，古聖先賢，皆行此事。故書有鳥獸魚鱉咸若之文，而文王澤及枯骨，況有知覺之物哉。至於簡子放鳩，子產畜魚，隨侯濟蛇，楊寶救雀。此固聖賢一視同仁之心，尚不知其蠢動含靈，皆具佛性。展轉昇沈，互爲怨親，及將來決定成佛等義。迨至大教東來，三世因果，及生佛心性平等無二之理，大明於世。凡大聖大賢，無不以戒殺放生，爲挽殺劫以培福果，息刀兵而樂天年之基址。古云，欲知世上刀兵劫，須聽屠門半夜聲。又云，欲得世間無兵劫，除非衆生不食肉。是知戒殺放生，乃拔本塞源之濟世良謨也。【疏】一

●或曰。鰥寡孤獨。貧窮患難。所在皆有。何不周濟。而乃汲汲於不相關涉之異類。其緩急輕重。不亦倒置乎哉。答曰。子未知如來教人戒殺放生之所以也。夫人物雖異。佛性原同。彼以惡業淪於異類。我以善業幸得人身。不加以憫恤。恣情食噉。一旦我福或盡。彼罪或畢。難免從頭償還。充彼口腹。須知刀兵大劫。皆宿世之殺業所感。若無殺業。縱身遇賊寇。當起善心不加誅戮。又況瘟疫水火諸災橫事。戒殺放生者。絕少遭逢。是知護生。原屬護自。戒殺可免天殺鬼神殺。盜賊殺。未來怨怨相報殺。鰥寡孤獨。貧窮患難。亦當隨分隨力以行周濟。豈戒殺放生之人。絕不作此項功德乎。然鰥寡等。雖深可憐憫。尚未至於死地。物則不行救贖。立見登鼎俎以充口腹矣。又曰。物類無盡。能放幾何。答曰。須知放生一事。實為發起同人普護物命之最勝善心。企其體貼放之之意。中心惻然。不忍食噉。既不食噉。則捕者便息。庶水陸空行一切物類。自在飛走游泳於自所行境。則成不放之普放。非所謂以天下而為池乎。縱不能人各如是。而一人不忍食肉。則無量水陸生命。得免殺戮。況不止一人乎。又為現在未來一切同人。斷鰥寡孤獨貧窮患難之因。作長壽無病富貴安樂。父子團圞。夫妻偕老之緣。正所以預行周濟。令未來生生世世。永不遭鰥寡等苦。長享受壽富等樂。非所謂罄域中而蒙福乎。何可漠然置之。子審思之。戒殺放生。畢竟是汲汲為人。抑止汲汲為物。而緩急輕重倒置乎。【疏】二

●一切衆生。一念心性。與三世諸佛。了無二致。但以迷而未悟。故長劫輪迴於六道之中。永無底止。雖則人天善道。校三途惡道。苦樂懸殊。然皆隨善惡業力。常相輪轉。則善道不足恃。惡道誠可怖。豈可不培植善因。妄造惡業。恃己之強。陵彼之弱。取水陸空行一切衆生。殺而食之乎。在昔佛教未來。儒宗聖人。皆以世間倫常設教。於吾人本具佛性。及六道輪迴。昇沉轉變。與夫斷惑證眞。超凡入聖之若理若事。皆未發明。故不禁殺。然其不忍之心。已彰明較著。垂訓於世。如書之鳥獸魚鼈咸若。論語之釣而不綱。弋不射宿。孟子之見其生。不忍見其死。聞其聲。不忍食其肉。禮之諸侯無故不殺牛。大夫無故不殺羊。士無故不殺犬豕。庶人無故不食珍。珍卽肉也。足知殺生一事。儒宗亦非不戒。但以教道從權。姑未永斷耳。夫有故而殺。則其殺者固少。無故不食肉。則其食肉者。年無幾日矣。後世教道衰替。習爲殘忍。遂以肉食爲家常茶飯。只圖悅口。不一省其物類之苦。可不哀哉。及至佛教東來。則一切衆生。皆有佛性。及迷之則生死輪迴。了無已時。悟之則徹證涅槃。永劫常住之實理實事。究竟闡明。方知紜紜異類。皆是過去父母。未來諸佛。不但不敢殺而食之。又思令其各得其所。由是聖君賢相。哲士鴻儒。多皆仰遵佛訓。俯培己仁。或茹素而斷葷。或戒殺而放生。其嘉言懿行。載諸史册。亦企後人同修慈心。愍彼物類。同具佛性。由惡業因緣。墮於畜道。我今幸生人道。若不加憐恤。恣意殺害。難免來生後世。怨怨相報。楞嚴經云。殺彼身命。或食其肉。經微塵劫。相食相誅。猶如轉輪。互爲高下。無有休息。除奢摩他。及佛出世。不可停寢。然奢摩他道。殊不易得。如來出世。亦不易逢。敢不近法先賢。遠遵佛敎。推吾惡死之心。拯彼待烹之輩。以祈消除宿業。培植善根。永斷殺害之因。同證長壽之果哉。【記】十一

●一切衆生。皆有佛性。皆是過去父母。未來諸佛。設法救護。尙恐不及。何可爲悅我口腹。以殺彼身軀乎。須知水陸飛潛諸物。同具靈明覺知之心。但以宿業深重。致使形體殊異。口不能言。觀其求食避死情狀。自可悟其與人無異矣。吾人承宿福力。幸生人道。心有智慮。正宜敦天父地母民胞物與之誼。以期不負人與天地並名三才。以參贊天地之化育。俾民物各得其所。以同受覆載。同樂天年而後已。倘其不體天地好生之德。恣縱自己饕餮之念。以我之强。陵彼之弱。食彼之肉。充我之腹。必至一日宿福已盡。殺業現前。欲不改頭換面。受彼展轉殺食。其可得乎。況肉食有毒。以殺時恨心所結故。故凡瘟疫流行。蔬食者絕少傳染。又肉乃穢濁之物。食之則血濁而神昏。發速而衰早。最易肇疾病之端。蔬係清潔之品。食之則氣清而智朗。長健而難老。以富有滋補之力。此雖衛生之常談。實爲盡性之至論。因俗習以相沿。致積迷而不返。須知仁民者必能愛物。殺物者決難仁民。以習性使然。是以聖王治世。鳥獸魚鼈咸若。明道敎民。黏

竿彈弓盡廢。試思從古至今。凡殘忍饕餮者。家門多絕。仁愛慈濟者。子孫必昌。始作俑者。孔子斷其無後。然食肉者。如來記其必償。祈勿徒云遠庖。此係隨俗權說。固宜永斷葷腥。方為稱理實義。【雜著】三二

●眾生心性。與佛同儔。由善惡業。報分人畜。人有智識。畜無技術。恃強陵弱。遂殺而食。成家之子。不借重債。況殺彼身。但圖口快。怨恨固結。歷劫互償。試一思及。中心痛傷。【雜著】三十

●原夫水陸空行一切眾生。無一不知疼痛苦樂。無一不知貪生怕死。而且無一不是吾人無量劫來之父母、兄弟、姊妹、妻子、朋友、親戚。又復無一不能於未來世深種善根。修持淨業。斷惑證眞。圓成佛道。但以宿世惡業。墮於異類。固宜深生憐憫。以護持之。令彼各得其所。何可以強陵弱。或以智取。或以錢取。俾彼一切。悉充口腹。彼等力雖不敵。心固銜結。故致生生世世。展轉互殺。為一時之口腹。殺身命於多劫。校比自殺。酷烈萬倍。何苦為此招殃禍事。何愚迷至於此極。在昔魯國有二勇士。彼此互聞而未相見。一旦相遇。沽酒共飲。一曰。無肉不能成歡。當去買肉。一曰。爾我肉也。何須更求。其人以為所見甚高。遂袒衣相割。彼此互食。又復割彼之肉。轉以奉彼。意氣揚揚。以為吾人之交。情意眞摯。相割相食。遂至於死。凡見聞者。皆歎其愚。世人因食肉故。造諸殺業。遂至累劫展轉互殺。校彼勇士。更為酷烈。由無慧目。不知後報。反為得意。用

自矜誇。斥素食者以爲迷信。及以薄福。世俗相襲。恬不知非。以故如來於梵網、楞嚴、楞伽、等諸大乘經。極陳殺生食肉之禍。可謂拔本塞源之眞慈大悲也。近世殺劫之慘。千古未聞。況復水火疾疫。風吹地震。旱潦等災。不時見告。總因殺業以爲緣起。致令世道人心。愈趨愈下。由是天災人禍。相繼而興。如立鏡前。不能逃影。【雜著】三十

●世俗迷惑。以惡爲善。以造業爲修福者。多多也。其最慘目傷心者。莫過於做會祭神。富家大戶。必殺大生以祭。一以冀得多福。一以彰其富有。卽貧家小戶。亦必殺雞殺鴨。以期神常保護。令其福壽增延。諸凡如意也。不知天地以好生爲德。神爲天地主宰諸事。豈其心與天地相反。而爲己一享其祭。令無數生命。同受刀砧之苦。是尙得謂之爲聰明正直賞善罰惡之正神乎。其原由於貪饞之愚夫。特借祭神之名。大殺特殺。以期悅己口腹。遂相習成風。而不知其爲造大惡業。謂爲祭神。神其食之乎。況既名爲神。必秉聰明正直之德。當以作善作惡。爲降福降殃之準。豈殺生祭我。卽作惡者亦降福。不殺生祭我。卽作善者亦降禍乎。若是則其神之心行。與市井無賴小人無異。何以稱其爲聰明正直之神乎。既爲聰明正直之神。決不爲此妖魔鬼怪。不依道德仁義之事。【雜著】四五

●世人只知食肉爲美。遂以自己貪圖臭穢腥臊之見。謂神亦如是。從茲彼此相效。不知其非

譬如蛆蟲食糞，意謂天仙亦當貪此美味，而常欲奉之以冀錫其福慶也。彼受殺之生，多多皆是宿世殺生祭神，冀己食肉之人，以償當日殺生之報者。一班愚人，一聞殺生祭神，便歡喜踴躍，以爲作福。而不知將來變作此等生命，被人殺時，有口不能言，無法免脫矣。況以深入佛法受佛大戒，畢生蔬食之出格高人，平白誣以貪圖肉食，且殺無數生命以祭之。其逆天悖理，誣聖衊賢之罪，愈當生生世世，永爲此等被殺之物，豈不大可哀哉。【雜著】四六

●世人有病，及有危險災難等，不知念佛修善，妄欲祈求鬼神，遂致殺害生命，業上加業，實爲可憐。人生世間，凡有境緣，多由宿業。既有病苦，念佛修善，懺悔宿業，業消則病癒。彼鬼神自己尚在業海之中，何能令人消業。即有大威力之正神，其威力若比佛菩薩之威力，直同螢火之比日光。佛弟子不向佛菩薩祈禱，向鬼神祈禱，即爲邪見，即爲違背佛教，不可不知。又一切衆生，皆是過去父母，未來諸佛。理宜戒殺放生，愛惜物命。切勿依世俗知見，謂奉父母甘旨爲孝。彼未聞佛法者，不知六道輪迴之事理，妄謂爲孝，尚有可原。若已聞佛法之人，殺過去父母親屬，以奉養現在父母，及喪祭等，豈但不是孝道，直成忤逆矣。是以通人達士，由聞佛法之眞實義諦，悉不肯依世俗之權法以行。以此權法，祗姑順世俗迷情而立，非如來洞徹三世因果之道故也。【書二】五九

●諸惡業中。唯殺最重。普天之下。殆無不造殺業之人。卽畢生不曾殺生。而日日食肉。卽日日殺生。以非殺決無有肉故。以屠者、獵者、漁者。皆爲供給食肉者之所需。而代爲之殺。然則食肉喫素一關。實爲吾人昇沈。天下治亂之本。非細故也。其有自愛其身。兼愛普天人民。欲令長壽安樂。不罹意外災禍者。當以戒殺喫素。爲挽回天災人禍之第一妙法。以一切衆生。一念心性。與佛無異。與吾人亦無異。但以宿世惡業。墮於異類。固當生大憐憫。何可恣行殺食乎。無如世人狃於習俗。每以殺生食肉爲樂。而不念彼被殺之物。其痛苦怨恨爲如何也。以强陵弱。視爲固然。而刀兵一起。則與物之被殺情景相同。焚汝屋廬。姦汝婦女。掠汝錢財。殺汝身命。尚不敢以惡言相加。以力不能敵故耳。生之被殺。亦以力不能敵。使其能敵。必當立噬其人而後已。人何不於此苦境。試爲設一回想。物我同皆貪生怕死。我既具此頂天履地之質。理宜參贊化育。令彼鳥獸魚鼈。各得其所。何忍殺彼身命。以取悅我口腹乎。由其殺業固結。以致發生刀兵之人禍。與夫水火旱潦。饑饉疾疫。風吹地震。海嘯河溢等天災。各各相繼而降作也。猶如世人送年禮。然我以禮往。人以禮來。斷無往而不來。來而不往者。卽或有之。必有別種因緣相抵。實皆不出往來報復之外。天之賞罰。亦復如是。況人之報復乎。故書曰。作善降之百祥。作不善降之百殃。易曰。積善之家。必有餘慶。積不善之家。必有餘殃。天道好還。無往不復。欲免惡果。先斷惡

因。欲得善果。先植善因。此天理人情之至誼也。【雜著】六

七　分禪淨界限

●禪與淨土。理本無二。若論事修。其相天殊。禪非徹悟徹證。不能超出生死。故溈山云。可中頓悟正因。便是出塵階漸。生生若能不退。佛階決定可期。又云。初心從緣。頓悟自性。猶有無始曠劫習氣。未能頓盡。須教渠盡除現業流識。弘辨謂頓悟自性。與佛同儔。然有無始習氣。未能頓盡。須假對治。令順性起用。如人喫飯。不一口便飽。長沙岑謂。天下善知識。未證果上涅槃。以功未齊於諸聖故也。所以五祖戒又作東坡。草堂清復爲魯公。古今宗師。徹悟而未徹證者。類多如此。良由惟仗自力。不求佛加。絲毫惑業不盡。生死決不能出。淨土。則具信願行三。便可帶業往生。一得往生。則永出生死。悟證者頓登補處。未悟者亦證阿鞞。所以華藏海衆。悉願往生。宗教知識。同生淨土。良由全仗佛力。兼自懇心。故得感應道交。由是速成正覺。爲今之計。宜屏除禪錄。專修淨業。於一塵不染心中。持萬德洪名聖號。或聲或默。無雜無間。必使念起於心。聲入乎耳。字字分明。句句不亂。久之久之。自成片段。親證念佛三昧。自知西方宗風。是以觀音反聞聞自性之工夫。修勢至都攝六根淨念相繼之淨業。卽淨而禪。孰妙於是。【書一】六十

●修禪定人。（指四禪八定。）及參禪人。以唯仗自力。不求佛加。故於工夫得力眞妄相攻之時。每有種

種境界。幻出幻沒。譬如陰雨將晴之時。濃雲破綻。忽見日光。恍惚之間。變化不測。所有境界。非眞具道眼者。不能辨識。若錯認消息。則著魔發狂。莫之能醫。念佛人以眞切之信願。持萬德之洪名。喻如杲日當空。行大王路。不但魑魅魍魎。剗蹤滅迹。卽歧途是非之念。亦無從生。推而極之。不過曰念至功純力極。則全心是佛。全佛是心。心佛不二。心佛一如而已。此理此行。唯恐人之不知。不能合佛普度衆生之願。豈祕而不傳。獨傳於汝乎。若有暗地裏口傳心授之妙訣。卽是邪魔外道。卽非佛法。【書一】四四

●法幢和尚宿具靈根。初爲眞儒。後爲眞僧。可謂不枉讀書學道耳。世有眞儒。方有眞僧。彼無賴之徒出家者。固皆破壞佛法之魔王外道也。其語錄皆痛快直捷。豁人心目。可以刋板流通。以爲禪家法寶。然此乃唯發揮直指人心見性成佛之道。吾人專修淨業。勿於彼言句中捉摸卜度。以致兩失其益。不可不知。宗家提倡。唯指本分。此外概不闡發。其修因剋果斷惑證眞。皆密自修持耳。門外漢見宗家不提此等修證道理。遂謂宗家全不用此等法。便成謗宗。及謗佛。謗法矣。【書一】六一

●須知如來所說一切法門。皆須斷惑證眞。方可了生脫死。絕無惑業未斷。得了脫者。念佛法門。斷惑業者往生。則速證法身。具惑業者往生。已超登聖地。一則全仗自力。一則全仗佛力。又

兼自力。二者難易。奚啻天淵。每有聰明人。涉獵禪書。覺其有味。遂欲以禪自命。擬爲通方高人。皆屬不知禪淨所以。妄自尊大之流類。如是知見。斷斷不可依從。依之則了生脫死。恐經塵點劫數。尚無望也。【書二】二九

●權者。如來俯順衆生之機。曲垂方便之謂也。實者。按佛自心所證之義而說之謂也。頓者。不假漸次。直捷疾速。一超直入之謂也。漸者。漸次進修。漸次證入。必假多劫多生。方可親證實相之謂也。彼參禪者。謂參禪一法。乃直指人心。見性成佛之法。固爲實爲頓。不知參禪。縱能大徹大悟。明心見性。但見卽心本具之理性佛。若是大菩薩根性。則卽悟卽證。自可永出輪迴。高超三界。從茲上求下化。用作福慧二嚴之基。此種根性。就大徹大悟人中論之。亦百千中之一二人耳。其或根器稍劣。則縱能妙悟。而見思煩惱未能斷除。仍須在三界中受生受死。既受生死。從悟入迷者多。從悟入悟者少。是則其法雖爲實爲頓。苟非其人。亦不得實與頓之眞益。仍成權漸之法而已。何以故。以其仗自力故。自力若十分具足。則何幸如之。稍一欠缺。則只能悟理性。而不能親證理性。今時則大徹大悟者。尚難其人。況證其所悟者哉。念佛一法。徹上徹下。卽權卽實。卽漸卽頓。不可以尋常教理批判。上至等覺菩薩。下至阿鼻種性。皆須修習。（此徹上徹下之謂也。）如來爲衆生說法。唯欲令衆生了生脫死耳。其餘法門。上根則卽生可了。下根則累劫尚難得

了。唯此一法。不論何種根性。皆於現生往生西方。則生死即了。如此直捷。何可名之為漸。雖有其機。不如尋常圓頓之機。有似乎漸。而其法門威力。如來誓願。令此等劣機。頓獲大益。其利益全在仗佛慈力處。凡禪講之人。若未深研淨宗。未有不以為淺近而藐視者。若深研淨宗。則當竭盡心力而為宏揚。豈復執此權實頓漸之謬論。而自誤誤人哉。【書二】三十

●言取捨者。此約究竟實義為難。（難者。反詰問也。）不知究竟無取無捨。乃成佛已後事。若未成佛。其間斷惑證真。皆屬取捨邊事。既許斷惑證真之取捨。何不許捨東取西。離垢取淨之取捨。若參禪一法。則取捨皆非。念佛一法。則取捨皆是。以一屬專究自心。一屬兼仗佛力。彼不究法門之所以然。而妄以參禪之法。破念佛。則是誤用其意。彼無取捨。原是醍醐。而欲念佛者。亦不取捨。則便成毒藥矣。夏葛而冬裘。渴飲而飢食。不可相非。亦不可固執。唯取各適其宜。則有利無弊矣。【書二】三一

●以捨東取西。為生滅者。不知執東廢西。乃斷滅也。夫未證妙覺。誰離取捨。三祇鍊行。百劫修因。上求下化。斷惑證真。何一非取捨之事乎。須知如來欲令一切衆生速證法身。及與寂光。所以特勸持佛名號。求生西方也。【論】三

●參禪一事。談何容易。古人如趙州諗禪師。從小出家。至八十餘歲。尚且行腳。故有頌之者曰。

趙州八十猶行脚。只爲心頭未悄然。長慶。坐破七個蒲團。後方開悟。涌泉。四十年尚有走作。雪峯。三登投子。九上洞山。此等大祖師。大徹大悟。如是之難。彼魔子之徒。一聞魔說。遂皆開悟。如前所說祖師。直是替他提鞋也無用處矣。【書一】三三

●不執著等語。理則是。而事非博地凡夫之所能爲也。終日穿衣喫飯。侈談不執飢寒。與終日枵虛。不得杯水粒米。餓且將死。而謂人曰。吾視龍肝鳳髓。直同穢物。思之卽嘔。況其下者乎。同一空談耳。今時不明教理。卽參禪宗者。每多中此空解脫病。至於靜坐澄思。空境現前。不過以靜澄伏妄。偶爾發現之幻境耳。若錯認消息。生大歡喜。則喪心病狂。佛亦難醫矣。幸能體察而不執著。棄捨幻妄。卒得貫通諸法。法門。可謂久歷荆棘。忽達康莊矣。末世人根陋劣。知識希少。若不仗佛慈力。專修淨業。但承自力。參叩禪宗。不第明心見性。斷惑證眞者。罕有其人。而以幻爲眞。以迷爲悟。著魔發狂者。實繁有徒矣。所以永明蓮池等。觀時之機。極力主張淨土法門也。【書一】三八

●禪者。卽吾人本具之眞如佛性。宗門所謂父母未生以前本來面目。宗門語不說破。令人參而自得。故其言如此。實卽無能無所。卽寂卽照之離念靈知。純眞心體也。（離念靈知者。了無念慮。而洞悉前境也。）淨土者。卽信願持名。求生西方。非偏指唯心淨土。自性彌陀也。有禪者。卽參究力極。念寂情亡。徹

見父母未生前本來面目。明心見性也。有淨土者。卽眞實發菩提心。生信發願。持佛名號。求生西方也。禪與淨土。唯約教約理。有禪有淨土。乃約機約修。教理。則恆然如是。佛不能增。凡不能減。機修。須依教起行。行極證理。使其實有諸己也。二者文雖相似。實大不同。須細參詳。不可儱侗。倘參禪未悟。或悟而未徹。皆不得名爲有禪。倘念佛偏執唯心。而無信願。或有信願而不眞切。悠悠泛泛。敷衍故事。或行雖精進。心戀塵境。或求來生生富貴家。享五欲樂。或求生天。受天福樂。或求來生出家爲僧。一聞千悟。得大總持。宏揚法道。普利衆生者。皆不得名爲有淨土矣。

【論】五

●有禪有淨土。猶如戴角虎。現世爲人師。來生作佛祖者。其人徹悟禪宗。明心見性。又復深入經藏。備知如來權實法門。而於諸法之中。又復唯以信願念佛一法。以爲自利利他通途正行。觀經上品上生。讀誦大乘。解第一義者。卽此是也。其人有大智慧。有大辯才。邪魔外道。聞名喪膽。如虎之戴角。威猛無儔。有來學者。隨機說法。應以禪淨雙修接者。則以禪淨雙修接之。應以專修淨土接者。則以專修淨土接之。無論上中下根。無一不被其澤。豈非人天導師乎。至臨命終時。蒙佛接引。往生上品。一彈指頃。華開見佛。證無生忍。最下卽證圓教初住。亦有頓超諸位。至等覺者。圓教初住。卽能現身百界作佛。何況此後。位位倍勝。直至第四十一等覺位乎。故曰。

來生作佛祖也。【論】六

●無禪有淨土。萬修萬人去。若得見彌陀。何愁不開悟者。其人雖未明心見性。卻復決志求生西方。以佛於往劫發大誓願。攝受衆生。如母憶子。衆生果能如子憶母。志誠念佛。則感應道交。即蒙攝受。力修定慧者。固得往生。即忤逆十惡。臨終苦逼。發大慚愧。稱念佛名。或至十聲。或止一聲。直下命終。亦皆蒙佛化身。接引往生。非萬修萬人去乎。然此雖念佛無幾。以極其猛烈。故能獲此巨益。不得以泛泛悠悠者。校量其多少也。既生西方。見佛聞法。雖有遲速不同。然已高預聖流。永不退轉。隨其根性淺深。或漸或頓。證諸果位。既得證果。則開悟不待言矣。所謂若得見彌陀。何愁不開悟也。【論】六

●有禪無淨土。十人九蹉路。陰境若現前。瞥爾隨他去者。其人雖徹悟禪宗。明心見性。而見思煩惱。不易斷除。直須歷緣煅煉。令其淨盡無餘。則分段生死。方可出離。一毫未斷者。姑勿論。即斷至一毫未能淨盡。六道輪迴。依舊難逃。生死海深。菩提路遠。尚未歸家。即便命終。大悟之人。十人之中。九人如是。故曰。十人九蹉路。蹉者。蹉跎。即俗所謂擔閣也。陰境者。中陰身境。即臨命終時。現生及歷劫。善惡業力所現之境。此境一現。眨眼之間。隨其最猛烈之善惡業力。便去受生於善惡道中。一毫不能自作主宰。如人負債。強者先牽。心緒多端。重處偏墜。五祖戒再爲東

坡。草堂淸復作魯公。此猶其上焉者。故曰。陰境若現前。瞥爾隨他去也。陰（音義與蔭同。蓋覆也。）謂由此業力。蓋覆眞性。不能顯現也。瞥（音撇）眨眼也。有以蹉爲錯。以陰境爲五陰魔境者。總因不識禪及有字。故致有此胡說巴道也。豈有大徹大悟者。十有九人錯走路頭。即隨五陰魔境而去。著魔發狂也。夫著魔發狂。乃不知教理。不明自心。盲修瞎鍊之增上慢種耳。何不識好歹。以加於大徹大悟之人乎。所關甚大。不可不辨。【論】六

●無禪無淨土。鐵牀併銅柱。萬劫與千生。沒箇人依怙者。有謂無禪無淨。即埋頭造業。不修善法者。大錯大錯。夫法門無量。唯禪與淨。最爲當機。其人既未徹悟。又不求生。悠悠泛泛。修餘法門。既不能定慧均等。斷惑證眞。又無從仗佛慈力。帶業往生。以畢生修持功德。感來生人天福報。現生既無正智。來生即隨福轉。耽著五欲。廣造惡業。既造惡業。難逃惡報。一氣不來。即墮地獄。以洞然之鐵牀銅柱。久經長劫。寢臥抱持。以償彼貪聲色。殺生命等。種種惡業。諸佛菩薩。雖垂慈愍。惡業障故。不能得益。昔人謂。修行之人。若無正信求生西方。泛修諸善。名爲第三世怨者。此之謂也。蓋以今生修行。來生享福。倚福作惡。即獲墮落。樂暫得於來生。苦永貽於長劫。縱令地獄業消。又復轉生鬼畜。欲復人身。難之難矣。所以佛以手拈土。問阿難曰。我手土多。大地土多。阿難對佛。大地土多。佛言。得人身者。如手中土。失人身者。如大地土。萬劫與千生。沒個人

依怙，猶局於偈語，而淺近言之也。夫一切法門，專仗自力，淨土法門，專仗佛力。一切法門，惑業淨盡，方了生死。淨土法門，帶業往生，即預聖流。永明大師恐世不知，故特料簡，以示將來。可謂迷津寶筏，險道導師。惜舉世之人，顢頇讀過，不加研窮，其衆生同分惡業之所感者歟。【論】七

●達摩西來，傳佛心印，直指人心，見性成佛。然此所見所成，乃指吾人即心本具之天眞佛性而言，令人先識其本，則一切修證等法，自可依之進趣，以至於修無可修，證無可證而後已。非謂一悟即成福慧兩足，圓滿菩提之究竟佛道也。喻如畫龍點睛，令其親得受用耳。由是騰輝震旦，炳煥赫奕，即心即佛之道，非心非佛之法，徧布寰區。天機深者，於一機一境，識其端倪，則出詞吐語，自離窠臼，入死入生，了無罣礙，得大解脫，得大自在矣。倘根機稍劣，縱得大悟，而煩惱習氣，未能淨盡，依然還是生死中人。出胎隔陰，多致迷失，大悟者尚如是，況未悟乎。固宜專心致志於仗佛慈力之淨土法門，方爲千穩萬當之計也。【序】三七

●律教禪宗，最初須深明教理，依教修行。修行功深，斷惑證眞，方出生死。若教理不明，則盲修瞎煉，若非得少爲足，便是著魔發狂。縱使理明功深，亦頗斷惑，倘有絲毫未盡，依舊不出苦輪。直待惑業淨盡，方可出離生死，尚去佛地甚大懸遠。更須歷劫進修，始可圓滿佛果。譬如庶民，生而聰慧，讀書學文，多年辛苦，學問既成，登科入仕，由其有大才能，所以從小漸昇，直至宰相。

官居極品。再無可昇。於羣臣中．位居第一。若比太子．貴賤天淵．何況皇帝。畢世爲臣．奉行君命。鞠躬盡瘁．輔治國家。然此相位．大不容易。半生勤勞．通身能耐。到下場頭．不過如是．若學問才能．稍不充足．則不能如是者．有百千萬億也。此是自力。學問才能．譬深明教理．依教修行．位至宰相．譬修行功深．斷惑證眞。只可稱臣．不敢作君．（臣決定不敢作君．臣欲作君．除非託生皇宮．爲皇太子。修餘法門．亦可成佛．但與淨土校．奚啻日劫相倍。讀者須善會其意．勿泥其詞。然依華嚴末後一著．等覺菩薩．尚以十大願王．迴向往生．正與託質皇宮．爲皇太子．意義相齊。淨土法門．得華嚴一經．遂得如大海之橫吞萬川．如太虛之總攝萬象耳．猗歟大哉。）譬雖出生死．尚未成佛。學問不充不能如是者甚衆．譬惑未斷盡不能出生死苦海者甚衆也。

【雜著】三七

●念佛法門．縱不明教理．未斷惑業。但能信願持名．求生淨土。臨命終時．決定蒙佛親垂接引．往生西方。既生西方．見佛聞法．悟無生忍。卽此一生．定補佛位。此是佛力．又兼自力。謂信願持名．是自力能感於佛。誓願攝受垂慈接引．是佛力能應於我。感應道交．故得如是。又若深明教理．斷惑證眞．則往生品位更高．圓成佛道更速。所以文殊普賢華藏海衆馬鳴龍樹諸宗祖師．皆願往生也。譬如託生皇宮．一出母胎．貴壓羣臣．此是王力。迨其長大．學問才能．一一充足．便能承紹大統．平治天下。一切臣宰．皆聽詔諭。此則王力自力．兼而有之。念佛法門．亦復如是。未斷惑業．仗佛慈力．往生西方．便出生死。猶如太子初生．貴壓羣臣。既往生已．惑業自斷．定補佛位。猶如太子長大，承紹大統，平治天下也。又已斷惑業，如馬鳴龍樹，諸宗祖師。已登補處，如文殊普賢。華藏海衆，皆願往生者，猶如昔鎭邊鄙，不堪承紹。今居東宮，不久登極也。【雜著】三八

●吾人心性，與佛同儔。祇因迷背，輪迴不休。如來慈憫，隨機說法，普令含識，就路還家。法門雖多，其要唯二。曰禪與淨，了脫最易。禪唯自力，淨兼佛力。二法相校，淨最契機。如人度海，須仗舟船。速得到岸，身心坦然。末世衆生，唯此堪行。否則違機，勞而難成。發大菩提，生眞信願。畢生堅持，唯佛是念。念極情忘，卽念無念。禪教妙義，徹底顯現。待至臨終，蒙佛接引。直登上品，證無生忍。有一祕訣，剴切相告。竭誠盡敬，妙妙妙妙。【書二】二九

八　釋普通疑惑

內分理事・心性・悟證・宗教・持呪・出家・謗佛・師道・戒律・經典・中陰・四十・舍利・臂香・境界・神通・祕傳・扶乩・煉丹・事須適宜・富強・預防災禍・諸類。

●（以下論理事）世出世間之理，不出心性二字。世出世間之事，不出因果二字。衆生沈九界，如來證一乘，於心性毫無增減。其所以昇沈迴異，苦樂懸殊者，由因地之修德不一，致果地之受用各別耳。闡揚佛法，大非易事。唯談理性，則中下不能受益。專說因果，則上士每厭聞熏。（中略）然因果心性，離之則兩傷，合之則雙美。故夢東云：善談心性者，必不棄離於因果。而深信因果者，終必大明乎心性。此理勢所必然也。而末法衆生，根機陋劣。禪教諸法，唯仗自力，契悟尚難，何況了脫。唯有仗佛力之淨土法門，但具眞信切願，縱五逆十惡，亦可永出輪迴，高預海會。此不可思

議之最上乘法。宜理事并談。誠勸齊施。【書一】七

●須知淨土法門。具四法界。所有事相。皆事事無礙之法界也。讀而修者。切不可執理廢事。倘一執之。則事理兩喪。如人知意根最勝。而廢棄五根。則意根亦無地可立矣。唯卽事以明理。由理以融事者。方可無過。所謂淨土要旨。全事卽理。理事圓融。卽契本體。早知師已飽餐王膳。而猶汲汲於獻芹者。不過表窮子思歸之寸忱。兼欲雪往昔謗法之愆尤也。【書一】四

●今之聰明人。雖學佛法。以未親近具眼善知識。率皆專重理性。撥棄事修。及與因果。既撥事修因果。并理性而失之。所以每有才高等輩。詞驚鬼神。究其行爲。與市井無知無識者無異。其病根皆由撥事修因果之所致也。俾上智者徒生憐愍。下愚者依樣妄爲。所謂以身謗法。罪過無量。【書一】二三

●知之匪艱。行之維艱。世有一班掠虛漢。聞得心佛衆生三無差別之理。或由閱敎參宗。悟及此理。遂謂我與佛同。而了無所用其若修若證。遂放心恣意。於一切境緣之中。誤謂六塵卽覺。貪瞋癡卽戒定慧。何須制心攝身。無繩自縛。此種見解。最爲下劣。謂之執理廢事。撥無因果。如以畫餅充飢。陵空作屋。自誤誤人。罪豈有極。以善因而招惡果。三世諸佛。名爲可憐憫者。【書一】

●今人多尚空談。不務實踐。勸修淨業。當理事並進。而尤須以事爲修持之方。何也。以明理之人。全事卽理。終日事持。卽終日理持。若理事未能大明。一聞理持便覺此義深妙。兼合自己懶惰懈怠。畏於勞煩持念之情。遂執理廢事。旣廢於事。理亦只成空談矣。【書一】八十

●事持者。信有西方阿彌陀佛。而未達是心作佛。是心是佛。但以決志願求生故。如子憶母。無時暫忘。此未達理性。而但依事修持也。理持者。信西方阿彌陀佛。是我心具。是我心造。心具者。自心原具此理。心造者。依心具之理而起修。則此理方能彰顯。故名爲造。心具卽理體。心造卽事修。心具卽是心是佛。心造卽是心作佛。是心作佛。卽稱性起修。是心是佛。卽全修在性。修德有功。性德方顯。雖悟理而仍不廢事。方爲眞修。否則便墮執理廢事之狂妄知見矣。故下曰。卽以自心所具所造洪名。爲繫心之境。令不暫忘也。此種解法。千古未有。實爲機理雙契。理事圓融。非法身大士。孰克臻此。以事持縱未悟理。豈能出於理外。不過行人自心未能圓悟。旣悟焉。則卽事是理。豈所悟之理。不在事中乎。理不離事。事不離理。事理無二。如人身心二俱同時運用。斷未有心與身彼此分張者。達人則欲不融合而不可得。狂妄知見。執理廢事。則便不融合矣。【書二】三四

●此心周徧常恆。如虛空然。吾人由迷染故。起諸執著。譬如虛空。以物障之。則便不周徧。不常

恆矣。然不周徧不常恆者。乃執著妄現。豈虛空果隨彼所障之物。遂不周徧不常恆乎。是以凡夫之心與如來所證之不生不滅之心。了無有異。其異者乃凡夫迷染所致耳。非心體原有改變也。彌陀淨土總在吾人一念心性之中。則阿彌陀佛我心本具。既是我心本具。固當常念。既能常念。則感應道交。修德有功。性德方顯。事理圓融。生佛不二矣。故曰以我具佛之心。念我心具之佛。豈我心具之佛。而不應我具佛之心耶。【書二】三四

●宗門所說。專指理性。非論事修。所以然者。欲人先識不涉因果修證凡聖生佛之理。然後依此理以起修因證果。超凡入聖。卽衆生而成佛道之事。【論】三

●剋論佛法大體。不出眞俗二諦。眞諦則一法不立。所謂實際理地。不受一塵也。俗諦則無法不備。所謂佛事門中。不捨一法也。教則眞俗幷闡。而多就俗說。宗則卽俗說眞。而掃除俗相。須知眞俗同體。並非二物。譬如大圓寶鏡。虛明洞徹。了無一物。然雖了無一物。又復胡來則胡現。漢來則漢現。森羅萬象俱來則俱現。雖復羣相俱現。仍然了無一物。雖復了無一物。不妨羣相俱現。宗則就彼羣相俱現處。專說了無一物。教則就彼了無一物處。詳談羣相俱現。是宗則於事修而明理性。不棄事修。教則於理性而論事修。還歸理性。正所謂稱性起修。全修在性。不變隨緣。隨緣不變。事理兩得。宗教不二矣。【論】十一

●所言念佛三昧。說之似易。得之實難。但當攝心切念。久當自得。即不能得。以眞信切願攝心淨念之功德。當必穩得蒙佛接引。帶業往生。事一心。若約蕅益大師所判。尙非現世修行人之身分。況理一心乎。以斷見思惑。方名事一。破無明證法性。則名理一。若是內祕菩薩行外現作凡夫。則此之二一。固皆無難。若實係具縛凡夫。則事一尙不易得。況理一乎。當過細看光與永嘉某居士之極長一信。則可知。至於悟無生以後。護持保任。銷鎔餘習。彼自了明。何須預問。如人飲水。冷暖自知。否則縱令飲者說得十分的確。而未飲之人。究不知其是何滋味。以居士將此悟無生忍。看得容易。恐自己或悟而不知保任護持。致餘習復蒙。得而復失。故有此問。眞無生忍。實非小可。乃破無明證法性。最下者。爲圓教初住菩薩。即別教之初地也。談何容易。祈且依光文鈔所說而行。待其悉知淨土法門之所以然。及信願行俱能不被一切知識異說所奪。此後若有餘力。不妨兼研諸大乘經論。以開智識。以爲宏淨土之根據。如是則雖是凡夫。可以隨機利生。行菩薩道。且勿妄意高遠。恐或於事理不淸。則難免著魔。永嘉某居士之長信專治此病。彼病與汝病。名目不同。性質是一。光固不願多說。祈於彼信領會之。須知悟後之人。與未悟之人。其修持仍同。其心念則別。未悟無生者。境未至而將迎。境現前而攀攬。境已過而憶念。悟無生者。境雖生滅。心無生滅。猶如明鏡。來無所黏。去無蹤跡。其心之酬境。如鏡之現象。絕無一毫執著繫戀之思想。然雖於境無心。猶然波騰行海。雲布慈門。凡世間綱常倫理。與夫上宏下化之事。必須一一認眞實行。雖喪身命。不肯踰越。且莫認作於境無心。便於修持自利利他。上宏下化之事。悉皆廢弛。若存此見。則是深著空魔。墮於頑空。由茲撥無因果。肆意冥行。乃成以凡濫聖。壞亂佛法。疑誤衆生之阿鼻地獄種子矣。此中關係甚深甚深。光固不得不爲略陳其利害也。【書一】九七

●若約實際理體而論。則凡聖生佛。因果修證。俱不可得。若據修持法門而談。則如來上成佛道。衆生下墮阿鼻。皆不出因果之外。明理性不廢事修。則爲正知。執理性廢棄事修。則成邪見。毫釐之差。佛獄立判。【記】十八

●以下論心性　夫心者。即寂即照。不生不滅。廓徹靈通。圓融活潑。而爲世出世間一切諸法之本。雖在昏迷倒惑。具縛凡夫之地。直下與三世諸佛。敵體相同。了無有異。故曰心佛衆生。三無差別。但以諸佛究竟證得。故其功德力用。徹底全彰。凡夫全體迷背。反承此功德力用之力。於六塵境。起貪瞋癡。造殺盜淫。因惑造業。因業感苦。惑業苦三。互相引發。因因果果。相續不斷。經塵點劫。長受輪迴。縱欲出離。末由也已。喩如暗室觸寶。不但不得受用。反致被彼損傷。迷心逐境。背覺合塵。亦復如是。如來憫之。爲說妙法。令其返妄歸眞。復本心性。初則即妄窮眞。次則全妄即

眞。如風息波澄。日暖冰泮。卽波冰以成水。波冰與水。原非二物。當其未澄未泮之前。校彼既澄既泮之後。體性了無二致。相用實大懸殊。所謂修德有功。性德方顯。若唯仗性德。不事修德。則盡未來際。永作徒具佛性。無所恃怙之衆生矣。故般若心經云。觀自在菩薩。行深般若波羅蜜多時。照見五蘊皆空。度一切苦厄。夫五蘊者。全體卽是眞如妙心。但由一向迷背。遂成幻妄之相。妄相既成。一眞卽昧。一眞既昧。諸苦俱集。如風動則全水成波。天寒則卽柔成剛。照以甚深般若。則了知迷眞成妄。全妄卽眞。如風息日煖。復還水之本體耳。故知一切諸法。皆由妄情所現。若離妄情。則當體全空。以故四大咸失本性。六根悉可互用。所以菩薩不起滅定。現諸威儀。眼根作耳根佛事。耳根作眼根佛事。入地如水。履水如地。水火不能焦濡。虛空隨意行住。境無自性。悉隨心轉。故楞嚴云。若有一人發眞歸元。十方虛空。悉皆消殞。乃照見五蘊皆空之實效也。歸者。歸投歸還。卽返照迴光。復本心性之義。然欲返照迴光。復本心性。非先歸心三寶。依教奉行不可。既能歸心三寶。依教奉行。自可復本心源。徹證佛性。既得復本心源。徹證佛性。方知自心至寶。在迷不減。在悟不增。但以順法性故。則得受用。違法性故。反受損傷。而利害天淵迴別耳。【啟】一

●衆生者。未悟之佛。佛者。已悟之衆生。其心性本體。平等一如。無二無別。其苦樂受用。天地懸

殊者。由稱性順修。背性逆修之所致也。其理甚深。不易宣說。欲不費詞。姑以喻明。諸佛致極修德。徹證性德。譬如大圓寶鏡。其體是銅。知有光明。日事揩磨。施功不已。塵盡光發。高臺卓豎。有形斯映。大而天地。小而塵毛。森羅萬象。炳然齊現。正當萬象齊現之時。而復空洞虛豁。了無一物。諸佛之心。亦復如是。斷盡煩惱惑業。圓彰智慧德相。盡來際以安住寂光。常享法樂。度九界以出離生死。同證涅槃。衆生全迷性德。毫無修德。譬如寶鏡蒙塵。不但毫無光明。卽銅體亦被鏽遮。而不復現。衆生之心。亦復如是。若知卽此銅體不現之廢鏡。具有照天照地之光明。從茲不肯廢棄。日事揩磨。初則略露銅質。次則漸發光明。倘能極力儘磨。一旦塵垢淨盡。自然遇形斯映。照天照地矣。然此光明。鏡本自具。非從外來。非從磨得。然不磨。則亦無由而得也。衆生背塵合覺。返妄歸眞。亦復如是。漸斷煩惑。漸增智慧。迨至功行圓滿。則斷無可斷。證無可證。圓滿菩提。歸無所得。神通智慧。功德相好。與彼十方三世一切諸佛。了無異致。然雖如此。但復本有。別無新得。倘若唯任性德。不起修德。則盡未來際。常受生死輪迴之苦。永無復本還元之日矣。

【雜著】四

●一切衆生。皆有佛性。而佛與衆生。心行受用。絕不相同者。何也。以佛則背塵合覺。衆生則背覺合塵。佛性雖同。而迷悟迥異。故致苦樂昇沈。天淵懸殊也。若能詳察三因佛性之義。則無疑不破。無人不欲修習矣。三因者。正因、了因、緣因也。正因佛性。卽吾人卽心本具之妙性。諸佛所證眞常之法身。此則在凡不減在聖不增。處生死而不染。居涅槃而不淨。衆生徹底迷背。諸佛究竟圓證。迷證雖異。性常平等。二了因佛性。此卽正因佛性所發生之正智。以或由知識。或由經教。得聞正因佛性之義。而得了悟。知由一念無明。障蔽心源。不知六塵境界。當體本空。認爲實有。以致起貪瞋癡。造殺盜淫。由惑造業。因業受苦。反令正因佛性。爲起惑造業受苦之本。從茲了悟。遂欲反妄歸眞。冀復本性也。三緣因佛性。緣卽助緣。既得了悟。卽須修習種種善法。以期消除惑業。增長福慧。必令所悟本具之理。究竟親證而後已。請以喻明正因佛性。如鑛中金。如木中火。如鏡中光。如穀中芽。雖復本具。若不了知及加烹煉、鑽研、磨礲、種植、雨澤、等緣。則金、火、光、芽。永無發生之日。是知雖有正因。若無緣、了。不能得其受用。此所以佛視一切衆生皆是佛。而卽欲度脫。衆生由不了悟。不肯修習善法。以致長劫輪迴生死。莫之能出。如來於是廣設方便。隨機啓迪。冀其返妄歸眞。背塵合覺。【雜著】十五

●古人云。死生亦大矣。豈不痛哉。竊謂不知其由。雖痛何益。須知一切衆生。隨業流轉。受生六道。生不知來處。死不知去處。由罪福因緣。而爲昇降。輾轉輪迴。了無已時。如來憫之。示以由惑起業。由業感苦之因緣。以及常樂我淨。寂照圓融之本體。令其了知由無明故。遂有此身。卽此

色身。全屬幻妄。不但四大非有。兼復五蘊皆空。既知蘊空。則眞如法性。實相妙理。徹底圓彰矣。

【記】十五

●用隨緣故。則有四聖六凡。苦樂昇沈之殊。而緣有染淨。必隨其一。隨染緣。則起惑造業。輪迴六道。隨淨緣。則斷惑證眞。常住涅槃。由惑業有輕重。故有人、天、善道。及阿修羅之善惡夾雜道。幷畜生、餓鬼、地獄之三惡道。而由惑起惑。由業造業。或善或惡。了無定相。致所受生處。輾轉遷移。如輪無端。忽上忽下。以既具煩惑。皆被業縛。隨業受生。不能自主故也。由斷證有淺深。故斷見思者。證聲聞果。侵習氣者。證緣覺果。破無明者。證菩薩果。若無明淨盡。福慧圓滿。修德功極。性德全彰者。則證佛果。證佛果者。亦不過徹底究竟證其在凡夫地本具心性功德力用。親得全體受用而已。實未加一絲毫於其初也。若聲聞、緣覺、菩薩。雖則所證高下不同。然皆未能全體受用性具功德。而一切凡夫。反承此不思議心性之力。於六塵境。起貪瞋癡。造殺盜淫。以致墮三惡道。永劫沈淪者。比比皆是。可不哀哉。【序】十

●夫前之無始。後之無終。包太虛而無外。入微塵而無內。清淨光潔。湛寂常恆。無生無滅。離相離名。在有非有。居空不空者。眞性也。至於攬地、水、火、風之身。乃筋骨血肉之聚。方生卽滅。纔榮便悴。衆骨支撐。如以木爲屋。一皮包裹。猶以泥糊壁。裏面盡屎尿膿血。外頭生垢汗髮毛。蛆蟲

棊布，蚤蝨星羅假名爲人，實我焉在。而且以眼、耳、鼻、舌、身、意、之閒家具，奔馳於色、聲、香、味、觸、法、之荊棘林。由是起貪、瞋、癡、之無明，滅戒、定、慧、之正智。五蘊本空，誰肯一照。六塵無性，人皆認眞。致令萬苦俱集，一靈永昧者，幻身與妄心也。圓覺所謂，一切衆生，種種顚倒，妄認四大爲自身相，六塵緣影爲自心相者，此也。【序】三九

●（以下論悟證）自古高僧，或古佛再來，或菩薩示現，然皆常以凡夫自居，斷無說我是佛，是菩薩者。故楞嚴經云，我滅度後，勅諸菩薩，及阿羅漢，應身生彼末法之中，作種種形，度諸輪轉。終不自言我眞菩薩，眞阿羅漢，洩佛密因，輕言未學。唯除命終，陰有遺付。而智者大師，實是釋迦化身。至臨終時，有問所證位次者。答曰，我不領衆，必淨六根。損己利人，但登五品。是仍以凡夫自居也。五品者，卽圓教觀行位。所悟與佛同儔，圓伏五住煩惱，而見惑尚未能斷。智者臨終，尚不顯本意。欲後學勵志精修，不致得少爲足，及以凡濫聖耳。今之魔徒，妄充得道者，乃壞亂佛法，疑誤衆生之大妄語人。此大妄語之罪，甚於五逆、十惡、百千萬倍。其師其徒，當永墮阿鼻地獄，經佛剎微塵數劫，常受極苦，末由出離。何苦爲一時之虛名浮利，膺長劫之慘罰酷刑。名利惑人，一至於此。【書一】三三

●念佛、閱經，悟二空理，證實相法，乃約省悟修持，示現因後果。且勿儱侗自任，謂現生便能如

是。現生證實相者。非無其人。恐賢契無此善根。若不詳陳其故。或致妄期聖證。則志高而行不逮。久而久之。必致喪心病狂。未得謂得。未證謂證。求昇反墜。弄巧成拙。究其結果。難免永淪惡趣。不但埋沒己靈。實爲孤負佛恩。二空理。唯言悟。則利根凡夫即能。如圓教名字位中人。雖五住煩惱。毫未伏斷。而所悟與佛無二無別。（五住者。見惑爲一住。思惑爲三住。此二住於界內。塵沙惑。無明惑。共爲一住。此二住於界外。）若約宗說。則名大徹大悟。若約教說。則名大開圓解。大徹大悟。與大開圓解。不是依稀彷彿明了而已。如龐居士聞馬祖。待汝一口吸盡西江水。即向汝道。當下頓亡玄解。大慧杲聞圓悟。薰風自南來。殿閣生微涼。亦然。智者。誦法華。至藥王本事品。是眞精進。是名眞法供養如來。豁然大悟。寂爾入定。親見靈山一會。儼然未散。能如是悟。方可名大徹大悟。大開圓解。若云證實相法。則非博地凡夫之所能爲。南嶽思大禪師。智者之得法師也。有大智慧。有大神通。臨終有人問其所證。乃曰。我初志期銅輪。（即十住位。破無明。證實相。初入實報。分證寂光。初住即能於百三千大千世界示作佛身。度化衆生。二住則千。三住則萬。位位增數十倍。豈小可哉。）但以領衆太早。只證鐵輪而已。（鐵輪。即第十信位。初信斷見惑。七信斷思惑。八九十信破塵沙。伏無明。南嶽思示居第十信。尚未證實相法。若破一品無明。即證初住位。方可云證實相法耳。）智者大師。釋迦之化身也。臨終有問。未審大師證入何位。答曰。我不領衆。必淨六根。（即十信位。獲六根清淨。如法華經法師功德品所明。）損己利人。但登五品。（五品。即觀行位。圓伏五住煩惱。而見惑尚未斷除。）蕅益大師。臨終有偈云。名字位中眞佛眼。未知畢竟付何人。（名字位人。圓悟藏性。與佛同儔。而見思尚未能伏。何況乎斷。末世大徹大悟人。多多是此等身分。五祖戒爲東坡。草堂清作魯公。猶其上者。次則海印信爲朱防禦女。又次則雁蕩僧爲秦氏子檜。直以理雖頓悟，惑未伏除，一經受生，或致迷失耳。藏性，卽如來藏妙眞如性，乃實相之異名。蕅益大師，示居名字。智者，示居五品。南嶽，示居十信。雖三大師之本地，皆不可測。而其所示名字、觀行、相似、三位，可見實相之不易證，後進之難超越。實恐後人未證謂證，故以身說法，令其自知慚愧，不敢妄擬故耳。三大師末後示位之恩，粉骨碎身，莫之能報。汝自忖度，果能越此三師否乎。若曰，念佛、閱經，培植善根，往生西方之後，常侍彌陀，高預海會，隨其功行淺深，遲早必證實相，則是決定無疑之詞，而一切往生者之所同得而共證也。【書一】四五

●悟者，了了分明，如開門見山，撥雲見月。又如明眼之人，親見歸路。亦如久貧之士，忽開寶藏。證者，如就路還家，息步安坐。亦如持此藏寶，隨意受用。悟則大心凡夫，能與佛同。證則初地不知二地舉足下足之處。識此悟證之義，自然不起上慢，不生退屈，而求生淨土之心，萬牛亦難挽回矣。【書一】四九

●智者大師，世稱釋迦化身。其所證者，誰得而知。然佛爲衆生現身作則，故卽以凡夫自居。其曰，我不領衆，必淨六根者，以己誡人，乃現身說法也。以大師最初志期斷惑證眞，直登地等。十地，地等，等覺。以弘法利生，荒曠自己禪定工夫，故止證得圓五品觀行位而已。故曰，損己利人，但登五品。五品者，卽隨喜、讀誦、講說、兼行六度、正行六度五種耳。圓五品位，圓悟藏性。藏性，卽實相妙理。在纏名如來藏，出

纏名淨法身。纏即無明未斷，故名在纏。與佛所悟，了無有二。圓伏見思、塵沙、無明、煩惱，而見惑尚未能斷。若斷見惑，即證初信。及至七信，則思惑斷盡，得六根任運不染六塵之實證，故名六根清淨位。又於一一根中，俱能具六根功德，作六根佛事，故亦名六根互用，如法華經法師功德品所說。南嶽即示居此位。此位之人，不但有大智慧，而且有大神通。其神通，又非小乘阿羅漢所能比。故南嶽生前沒後，皆有不可思議之事，令人若見若聞，發起信心。南嶽智者，皆法身大士，其實證地位，誰能測其高深。此不過欲勉後世專精學道，而作此曲折耳。豈眞止證十信相似位五品觀行位而已耶。我等博地凡夫，那堪擬彼，我等祇好蠡持重戒，一心念佛，兼修世善，以爲助行。依永明、蓮池、之法行之，則無往不利矣。【書二】四九

●佛法諸宗修持，必到行起解絕，方有實益，不獨淨宗修觀爲然。宗家以一無義味話頭，置之心中，當作本命元辰。不計時日，常爲參叩。待至身心世界，悉皆不知，方能大徹大悟，非行起解絕乎。六祖謂但看金剛經，即能明心見性，非行起解絕乎。愚謂起之一字，義當作極，唯其用力之極，故致能所雙忘，一心徹露。行若未極，雖能觀念，則有能有所，全是凡情用事，全是知見分別，全是知解，何能得其眞實利益。唯其用力及極，則能所情見消滅，本有眞心發現。故古有死木頭人，後來道風輝映古今，其利益皆在極之一字耳。【書一】八十

●善得益者。無往而非益。甘受損者。無往而非損。今之人。每以世智辨聰之資。研究佛學。稍知義路。便謂親得。從茲自高位置。藐視古今。且莫說現今之人。不入己目。卽千數百年之高僧。多有古佛再來。或法身菩薩示現者。彼皆以爲庸常。不足爲法。未得謂得。未證謂證。聽其言。高出九天之上。察其心。卑入九地之下。如是習染。切宜痛除。否則如貯醍醐於毒器中。便能殺人。若能念念返究自心。不但如來所說諸法。卽能得益。卽石頭碌磚。燈籠露柱。以及徧大地所有種種形色音聲。無非第一義諦實相妙理也。謂古今無人者。何曾夢見。祈諦信而勉行之。【書一】八三

●所示令親之事。甚爲希奇。可謂宿有善根。然又須兢兢業業以自修持。庶不虛此一夢。倘以凡夫知見。妄謂我已蒙三寶加被。已入聖流。從茲生大我慢。未得謂得。未證言證。則是由善因而招惡果。末世之人。心智下劣。每受此病。楞嚴經所謂不作聖心。名善境界。若作聖解。卽受羣邪者。此也。請以力修淨土法門自勉。則將來決定獲大利益矣【書二】二

●念佛所重在往生。念之至極。亦能明心見性。非念佛於現世了無所益也。昔明教嵩禪師。日課十萬聲觀音聖號。後於世間經書。悉皆不讀而知。當看淨土十要。淨土聖賢錄。方可知念佛之妙。而光之蕪鈔。屢屢言之。居士謂現世無益者。不但未深體淨宗諸經論。卽光文鈔。亦屬走馬觀燈。未及詳究耳。【書二】二九

●寂光淨土。雖則當處卽是。然非智斷究竟圓證毗盧法身者。不能徹底親得受用。圓教住、行、向、地、等覺四十一位。尙是分證。汝若圓證毗盧法身。則不妨說當處便是寂光。其或未然。則是說食數寶。不免飢寒而死也。【論】三

●（以下論宗教）末世講家。每好談宗。致令聽衆。多隨語轉。竊謂禪家機語。絕無義味。唯就來機。指歸向上。只宜參究。何可講說。如是講經。唯超格大士。能得其益。其他中下之流。盡受其病。於宗。則機鋒轉語。不知力參。妄自以義路卜度。於教。則實理實事。由非己境。便認作喩意表法。以宗破教。以教破宗。近世流弊。莫此爲甚。【書二】十九

●曹溪以後。禪道大行。不立文字之文字。廣播寰區。解路日開。悟門將塞。故南嶽、青原、諸祖。皆用機語接人。使佛祖現成語言。無從酬其所問。非眞了當。莫測其說。以此勘驗。則金鍮立辨。玉石永分。無從假充。用閑法道。此機鋒轉語之所由來也。自後此法日盛。知識舉揚。唯恐落人窠臼。致成故套。疑誤學者。壞亂宗風。故其機用。愈峻。轉變無方。令人無從摸揲。故有呵佛罵祖。斥經教。撥淨土者。（如此作用。南嶽思大師兩句道盡。曰。超群出衆太虛玄。指物傳心人不會。認做實法。則罪同五逆矣。）以此語言。勸人情見。塞人解路。根熟者。直下知歸。徹悟向上。機生者。眞參力究。必至大徹大悟而後已。良以知識衆多。人根尙利。教理明白。生死心切。縱未能直下了悟。必不肯生下劣心。認爲實法故也。【論】九

●今人多是少讀儒書。不明世理。未窮敎乘。不解佛法。纔一發心。便入宗門。在知識。祇爲支持門庭。亦學古人舉揚。不論法道利害。在學者。不下眞實疑情。箇箇認爲實法。或有於今人舉處。古人錄中。以己意卜度出一番道理。總不出按文釋義之外。便自謂徹悟向上參學事畢。卽處知識位。開導後學。守一門庭。恐人謂非通家。因茲禪講並宏。欲稱宗說兼通。談宗。則古德指歸向上之語。竟作釋義訓文之言。講敎。則如來修因剋果之道。反成表法喩義之說。以敎破宗。以宗破敎。盲引盲衆。相牽入火。致使後輩不聞古人芳規。徒效其輕佛陵祖。排因撥果而已。【論】九

●敎則三根普被。利鈍全收。猶如聖帝明詔。萬國欽崇。智愚賢否。皆令曉了。皆須遵行。有一不遵者。則處以極刑。佛敎有一不遵者。則墮於惡道。宗則獨被上根。不攝中下。猶如將軍密令。營內方知。營外之人。任憑智同生知。亦莫能曉。以此之故。方能全軍滅賊。天下太平。軍令一洩。三軍傾覆。祖印一洩。五宗喪亡。未悟以前。祇許參究話頭。不準翻閱禪書。誠恐錯會祖意。則以迷爲悟。以假亂眞。卽名爲洩。其害甚大。【論】十

●歸元無二。方便多門。宗家方便。出於格外。所有語言。似乎掃蕩。未得意者。不體離言之旨。唯噇出酒之糟。在宗。則開一解路。不肯力參。在敎。則妄學圓融。破壞事相。唯大達之士。雙得其益。否則醍醐甘露。貯於毒器。遂成砒霜鴆毒矣。【論】十一

●教。雖中下猶能得益。非上上利根不能大通。以涉博故。宗。雖中下難以措心。而上根便能大徹。以守約故。教。則世法佛法。事理性相。悉皆通達。又須大開圓解。（卽宗門大徹大悟也。）方可作人天導師。宗。則參破一個話頭。親見本來。便能闡直指宗風。佛法大興之日。及佛法大通之人。宜依宗參究。喻如僧繇畫龍。一點睛則卽時飛去。佛法衰弱之時。及夙根陋劣之士。宜依教修持。喻如拙工作器。廢繩墨則終無所成。【論】十一

●今之欲報佛恩利有情者。在宗。則專闡宗風。尚須教印。在教。則力修觀行。無濫宗言。良以心通妙諦。遇緣卽宗。柏樹子。乾屎橛。鴉鳴鵲噪。水流花放。欬唾掉臂。譏笑怒罵。法法頭頭。咸皆是宗。豈如來金口所說圓頓妙法。反不足以爲宗耶。何須借人家槓子。撐自己門庭。自家楩楠豫章。何故棄而不用。須知法無勝劣。唯一道而常然。根有生熟。雖一法而益別。【論】十二

●（以下論持呪）持呪一法。但可作助行。不可以念佛爲兼帶。以持呪作正行。夫持呪法門。雖亦不可思議。而凡夫往生。全在信願眞切。與彌陀宏誓大願。感應道交。而蒙接引耳。若不知此意。則法法頭頭。皆不思議。隨修何法。皆無不可。便成無禪無淨土。鐵牀幷銅柱。萬劫與千生。沒個人依怙矣。若知自是具縛凡夫。通身業力。匪仗如來宏誓願力。決難卽生定出輪迴。方知淨土一法。一代時教。皆不能比其力用耳。持呪誦經。以之植福慧。消罪業。則可矣。若妄意欲求神通。則所

謂捨本逐末。不善用心。倘此心固結。又復理路不清。戒力不堅。菩提心不生。而人我心偏熾。則著魔發狂。倘有日在。夫欲得神通。須先得道。得道。則神通自具。若不致力於道。而唯求乎通。且無論通不能得。卽得則或反障道。故諸佛諸祖。皆嚴禁之而不許人修學焉。以世每有此種見。解人。故因覼縷及之。【書一】三六

●只宜持咒。助修淨業。勿輒作法。煩瀆佛聖。倘動輒作法。若身心不恭敬。不至誠。或致起諸魔事。唯一事宜作法。而非汝等分上事。如有發心出家者。自未證道。不能觀機。上叩佛慈冥示可否。庶無匪徒敗種混入之弊。而今之收徒者。唯恐其不多。明知爲下流。尚急急欲收。唯恐其走脫。誰肯如此決擇。貪名利。喜眷屬。致令佛法一敗塗地。莫之能興也。【書一】四六

●念佛之人。亦非不可持咒。但須主助分明。則助亦歸主。若泛泛然無所分別。一目視之。則主亦非主矣。準提、大悲。豈有優劣。心若至誠。法法皆靈。心不至誠。法法不靈。【書一】六十

●往生咒梵文學之亦甚好。但不得生分別心。謂此略文爲非。一起此念。則一大藏所有咒。皆生疑心。謂爲未合佛意。須知譯經之人。皆非聊爾。何可以他譯不同。便藐視之乎。千餘年持之得利益者。何可勝數。豈千餘年來之人。皆不知梵文乎。學固宜學。斷斷不可起優劣勝負之念。則利益自不可思議矣。又持咒一法。與看話頭相似。看話頭。以無義路。故能息分別之凡情。證

本具之眞智。持呪。以不知義理。但只至誠懇切持去。竭誠之極。自能業消智朗。障盡福崇。其利益有非思議所能及者。【書二】二二

●（以下論出家）夫佛法者。乃九法界公共之法。無一人不當修。亦無一人不能修。持齋念佛者多。推其效則法道興隆。風俗淳善。此則唯恐其不多。愈多則愈美也。至於出家爲僧。乃如來爲住持法道。與流通法道而設。若其立向上志。發大菩提。研究佛法。徹悟自性。宏三學而偏讚淨土。卽一生以頓脫苦輪。此亦唯恐不多。多多則益善也。若或稍有信心無大志向。欲藉爲僧之名。游手好閒。賴佛偷生。名爲佛子。實是髡民。卽令不造惡業。已是法之敗種。國之廢人。倘或破戒造業。貽辱佛教。縱令生逃國法。決定死墮地獄。於法於己。兩無所益。如是則一尚不可。何況衆多。古人謂出家乃大丈夫之事。非將相所能爲。乃眞語實語。非抑將相而揚僧伽也。良以荷佛家業。續佛慧命。非破無明以復本性。宏法道以利衆生者。不能也。今之爲僧者。多皆鄙敗無賴之徒。求其悠悠泛泛。持齋念佛者。尚不多得。況能荷家業而續慧命乎。今之佛法。一敗塗地者。以清世祖不觀時機。仰遵佛制。革前朝之試僧。永免度牒。令其隨意出家。爲之作俑也。【書一】十一

●夫隨意出家。於上士則有大益。於下士則有大損。倘世皆上士。則此法固於法道有益。而上士如麟角。下士如牛毛。益暫得於當時。（清初至乾隆年間，善知識如林，故有益。）禍廣覃於後世。致今汙濫已極。縱有

知識欲一整頓。無從措手。可不哀哉。以後求出家者。第一要眞發自利利他之大菩提心。第二要有過人天姿。方可薙落。否則不可。至若女人有信心者。卽令在家修行。萬萬不可令其出家。恐其或有破綻。則汙敗佛門不淺矣。男若眞修。出家更易。以其參訪知識。依止叢林也。女若眞修。出家反難。以其動輒招世譏嫌。諸凡難隨己意也。如上揀擇剃度。不度尼僧。乃末世護持佛法。整理法門之第一要義。【書一】十二

●出家一事。今人多以爲避懶偷安計。其下焉者。則無有生路。作偷生計。故今之出家者。多皆無賴之徒。致法道掃地而盡。皆此輩出家者爲之敗壞而致然也。【書二】三

●今之僧人固難令人生信。但既追悼僧人。何可誹謗僧人。若舉其善者。戒勵不善者。則無過矣。然自既在學生之列。卽戒勵亦宜緘默。以此種事。唯有德望者。方可舉行。非黃口雛生之所宜爲也。【書二】十一

●市井習氣。出家若不眞修。更甚於俗。若欲遠離。先須了知世間一切諸法。悉皆是苦。是空。是無常。是無我。是不淨。則貪瞋癡三毒。無由而起矣。倘猶不能止。則以忠恕忍辱治之。則自止矣。若又不止。則設想於死。自然無邊熱惱。化爲清涼矣。【書二】二四

●惟我釋子。以成道利生爲最上報恩之事。且不僅報答多生之父母。併當報答無量劫來四

生大道中一切父母不僅於父母生前而當孝敬。且當度脫父母之靈識。使其永出苦輪。常住正覺。故曰釋氏之孝。晦而難明者也。雖然。儒之孝。以奉養父母爲先者也。若釋氏辭親出家。豈竟不顧父母之養乎。夫佛制出家。必稟父母。若有兄弟子姪可託。乃得稟請於親。親允方可出家。否則不許剃落。其有出家之後。兄弟或故。親無倚託。亦得減其衣鉢之資。以奉二親。所以長蘆有養母之芳蹤。宋長蘆宗賾禪師。襄陽人。少孤。母陳氏。鞠養於舅家。及長。博通世典。二十九歲出家。深明宗要。後住長蘆寺。迎母於方丈東室。勸令念佛求生淨土。歷七年。其母念佛而逝。事見淨土聖賢錄。道丕有葬父之異跡。道丕。唐宗室。長安人。生始周歲。父沒王事。七歲出家。年十九。世亂穀貴。負母入華山。自辟穀。乞食奉母。次年。往靈山戰場。收聚白骨。虔誦經呪。祈得父骨。數日。父骨從骨聚中躍出。直詣丕前。乃掩餘骨。負其父骨而歸葬焉。事見宋高僧傳。故經云。供養父母功德。與供養一生補處菩薩功德等。親在。則善巧勸諭。令其持齋念佛。求生西方。親沒則以己讀誦修持功德。常時至誠爲親迴向。令其永出五濁。長辭六趣。忍證無生。地登不退。盡來際以度脫衆生。令自他以共成覺道。如是乃爲不與世共之大孝也。【論】十三

●出家爲僧。乃爲專志佛乘。與住持法道而設。非謂佛法唯僧乃可修持也。【論】十四

●以下論謗佛　夫人宿世果種善根。且無論爲學求道。可爲出世大事之前茅。卽貪瞋癡等煩惱惑業。疾病顚連種種惡報。皆可以作出生死入佛法之因緣。顧其人之能自反與否耳。不能自反。且無論碌碌庸人。爲世教之所拘。卽晦庵陽明。靖節放翁等。雖學問操持見地。悉皆奇特卓犖。

然亦究竟不能徹悟自心。了脫生死。其學問操持見地。雖可與無上妙道作基。由不能自反。竟爲入道之障。可知入道之難。眞難於登天矣。【書一】五八

●佛視衆生皆是佛。衆生視佛皆是衆生。佛視衆生皆是佛。故隨順機宜。爲之說法。俾得消除妄業。親證本有。卽一切衆生皆得究竟涅槃。了不見我爲能度。衆生爲所度。以彼原是佛故。衆生視佛皆是衆生。故西天九十五種外道。及此方拘墟儒士。莫不竭盡心力。多方毀謗。必期於佛法斷滅。了無聲迹。而其心始快。然杲日當空。隻手焉遮。適足以彰佛法之光明。而形自己之淺陋而已。有宿根者。由謗佛闢佛因緣。遂復歸依佛法。爲佛弟子。代佛揚化。無宿根者。當乘此業力。永墮阿鼻地獄。待其業報盡時。往劫聞佛名之善根。當卽發現。由茲方入佛法。當卽漸種善根。以至業盡情空。復還本有而後已。甚矣。佛恩之廣大深遠。莫能形容也。一句染神。永爲道種。譬如聞塗毒鼓。遠近皆喪。食少金剛。決定不消。能如是生信。是謂正信。【書一】八三

●佛法大無不包。細無不舉。譬如一雨普潤。卉木同榮。修身、齊家、治國、親民、之道。無不具足。古今來文章蓋一時。功業喧宇宙者。與夫至孝仁人。千古景仰。人徒知其迹。而未究其本。若詳考其來脈。則其精神志節。皆由學佛以培植之。他則不必提起。且如宋儒發明聖人心法。尙資佛法以爲模範。況其他哉。但宋儒氣量狹小。欲後世謂己智所爲。因故作闢佛之語。爲掩耳盜鈴

之計。自宋、而元、而明。莫不皆然。試悉心考察。誰不取佛法以自益。至於講靜坐。講參究。是其用工之發現處。臨終預知時至。談笑坐逝。乃其末後之發現處。如此諸說話。諸事迹。載於理學傳記中者。不一而足。豈學佛卽爲社會之憂乎。【書二】二

●儒佛之本體。固無二致。儒佛之工夫淺而論之。亦頗相同。深而論之。則天地懸殊。何以言之。儒以誠爲本。佛以覺爲宗。誠。卽明德。由誠起明。因明致誠。則誠明合一。卽明明德。覺。有本覺。始覺。由本覺而起始覺。由始覺以證本覺。始本合一。則成佛。本覺卽誠。始覺卽明。如此說去。儒佛了無二致。閣下所謂學孔學佛。理不外大學一章者。乃決定無疑之語。此淺而論之也。至於發揮其修證工夫淺深次第。則本雖同。而所證所到。大有不同也。儒者。能明明德。爲能如佛之三惑圓斷。二嚴悉備乎。爲如證法身菩薩之分破無明。分見佛性乎。爲如聲聞、緣覺之斷盡見思二惑乎。三者。唯聲聞斷見思最爲卑下。然已得六通自在。故紫柏云。若能直下忘情。山壁由之直度。初果尚七生天上。七反人間。而其道力。任運不犯殺戒。故凡所至處。蟲自離開。所謂初果耕地。蟲離四寸。況二三四果乎。儒教中。學者且置。卽以聖人言之。其聖人固多大權示現。則本且勿論。若據迹說。恐未能與見思淨盡者比。況破無明證法性之四十一位法身大士乎。卽謂明其明德。堪與破無明者比肩。然破無明者。有四十一位。爲與最初之初住比肩耶。爲與最後

之等覺比肩耶。即與最後之等覺比肩，尚於明德未明至乎其極，直待再破一分無明，方可謂為誠明合一，始本無二耳。吾故曰，體同，而發揮工夫證到不同也。世人聞同，即謂儒教全攝佛教，聞異，即謂佛教全非儒教。不知其同而不同，不同而同之所以然，故致紛紛諍論，各護門庭，各失佛菩薩聖人治世度人之本心也，哀哉。【書二】五一

● 溯自法流中國，歷代帝王，無不崇奉。唯三武滅佛，而隨即更興。譬冬之凍閉堅固，正成就其春夏之發生暢茂耳。杲日當空，隻手焉遮。仰面唾天，反汙己身。三武者，魏太武、周武帝、唐武宗也。先皆深信佛法，極意修習。魏武信崔浩之蠱惑。周武聽衛元嵩之讒譖。唐武信李德裕及道士趙歸眞之誣謗。毀滅未久而主者助者，皆罹極殃。魏武廢教後，不五六年，崔浩赤族，己亦被弒。嗣帝即位，復大興之。周武廢教後，元嵩貶死，不五年而身感惡疾，徧體糜爛。死未三年，隋文受禪，復大興之。唐武廢教後，不及一年，歸眞被誅，德裕竄死。武宗服道士金丹，疽發背死。宣宗，復大興之。宋之徽宗，初亦甚信佛法，後聽道士林靈素之妖妄，遂改佛像為道相，稱佛為大覺金仙，稱僧為德士，著道士衣，凡作法事，居道士後。下詔不久，京城大水，直同湖海。君臣惶懼，敕靈素止水，愈止愈漲。忽僧伽大聖現靈禁中，帝焚香乞哀，僧伽振錫登城，水即頓涸。隨敕復佛舊制。不六七年，父子被金虜去。金封徽宗為昏德侯，欽宗為重昏侯，二宗皆死於五國城。夫佛

乃三界大師。四生慈父。聖中之聖。天中之天。教人以返妄歸眞。背塵合覺。了幻妄之惑業。復本有之心性。尙感恩報德護持流通之不暇。豈可任一時之勢力滅衆生之慧眼。斷人天之坦路。掘地獄之深坑。宜其卽目交報。永劫沈淪。貽誚將來。以爲殷鑑。【雜著】三

●世間最博厚高明者。莫過天地日月。而日中則昃。月盈則食。高岸爲谷。深谷爲陵。滄海變桑田。桑田成滄海。古今最道高德備者。莫過孔子。而且絕糧於陳。被圍於匡。周遊列國。卒無所遇。只有一子。年才五十。卽便死亡。幸有一孫。得綿世系。降此而下。顏淵短命。冉伯牛亦短命。子夏喪明。左邱明亦喪明。屈原沈江。（屈原盡忠被讒。後以懷王被秦所留。不勝憂憤而力無能爲。五月五日。沈於汨羅江中。）子路作醢。（醢。音海。肉醬也。子路仕衛。衛蒯聵。與其子輒。爭國。子路死於其難。遂被敵兵斬作肉醬。）天地日月。猶不能令其常然不變。大聖大賢。亦不能令其有順無逆。唯其樂天知命。故所遇無不安樂也。而且千百世後。自天子以至庶人。無不景仰。以當時現境論之。似乎非福。以道傳後世論之。則福孰有過於此者。人生世間。千思萬算。種種作爲。究到極處。不過爲養身口。遺子孫而已。然身則粗布亦可遮體。何必綾羅綢緞。口則菜羹儘可過飯。何必魚肉海味。子孫則或讀書。或耕田。或爲商賈。自可養身。何必富有百萬。且古今爲子孫謀萬世之富貴者。莫過秦始皇。吞幷六國。焚書坑儒。收天下兵器以鑄大鐘。無非欲愚弱其民。不能起事。誰知陳涉一起。羣雄幷作。一統之後。不上十二三年。便致身死國滅。子孫盡遭誅戮。直

同斬草除根。靡有孑遺。是欲令子孫安樂者。反使其速得死亡也。漢獻帝時。曹操爲丞相。專其威權。凡所作爲。無非弱君勢重己權。欲令自身一死。子便爲帝。及至已死。曹丕便篡。而且尸猶未殮。丕卽移其嬪妾。納於己宮。死後永墮惡道。歷千四百餘年。至清乾隆間。蘇州有人殺豬。出其肺肝。上有曹操二字。鄰有一人見之。生大恐怖。隨卽出家。法名佛安。一心念佛。遂得往生西方。事載淨土聖賢錄。夫曹操費盡心機。爲子孫謀。雖作皇帝。止得四十五年。國便滅亡。而且日與西蜀、東吳、互相爭伐。何曾有一日安樂也。下此若兩晉、宋、齊、梁、陳、隋、及五代之梁、唐、晉、漢、周、皆不久長。就中唯東晉最久。僅一百三年。其他或二三年。或八九年。一二十年。四五十年。卽便滅亡。此乃正統。其餘竊據僞國。其數更多。其年更促。推其初心。無非欲遺子孫以安富尊榮。究其實效。反令子孫遭劫受戮。滅門絕戶也。且貴爲天子。富有四海。尚不能令子孫世受其福。況區區凡夫。從無量劫來所作惡業。厚逾大地。深逾大海。可保家道常興。有福無殃也耶。須知世間萬法。悉皆虛假。了無眞實。如夢如幻。如泡如影。如露如電。如水中月。如空中花。如熱時燄。如乾闥婆城。（梵語乾闥婆。此云尋香。乃天帝樂神。其城乃幻現非實。世俗所謂蜃樓海市。卽此也。）唯自己一念心性。亙古亙今。不變不壞。雖不變壞。而常隨緣。隨悟淨緣。則爲聲聞。爲緣覺。爲菩薩。爲佛。由功德有深淺。故果位有高下。隨迷染緣。則生天上。生人間。墮修羅。墮畜生。墮餓鬼。墮地獄。由罪福有輕重。故苦樂有短長。若不知佛法之人則無可如何。汝既崇信佛法。何不由此逆境。看破世相。捨迷染緣。隨悟淨緣。一心念佛。求生西方。從茲永出六道之輪迴。高證四聖之果位。豈不是因此小禍。常享大福耶。【書一】二七

●甚矣佛恩之廣大周徧而無有窮盡也。何以言之。以一切衆生。皆有佛性。皆可作佛。但以迷而未悟。遂致反以佛性功德之力。妄於六塵境中。起貪瞋癡。造殺盜淫。由惑造業。由業受報。久經長劫。輪迴六道。了無出期。佛於往劫。知此事已。即發大願。欲令盡虛空徧法界一切衆生。同悟本具佛性。同出生死輪迴。同成無上覺道。同入無餘涅槃。從茲普爲法界衆生。久經長劫行菩薩道。但有利益。無不興崇。六度齊修。一法不著。難行能行。難忍能忍。其行施也。國城妻子。頭目髓腦。悉無吝惜。故法華經云。我見釋迦如來。於無量劫。難行苦行。積功累德。求菩提道。未曾止息。觀三千大千世界。乃至無有如芥子許。非是菩薩捨身命處。爲衆生故。然後乃得成菩提道。只此布施一行。尚非劫壽能宣。況其餘之持戒忍辱精進禪定智慧。以及四攝萬行乎哉。及至惑業淨盡。福慧圓滿。徹證自心。成無上道。普爲衆生。說所證法。直欲同皆得己所得。但以上根者少。中下者多。故復隨機施教。令其隨分得益耳。及其一期事畢。即入涅槃。猶復不捨大悲。於他方世界。示成正覺。以行濟度。如是示生此界他方。固非算數譬喻之所能及。譬如杲日。爲照世故。出沒無住。亦如船師。爲渡人故。往來不停。【序】六四

●佛之愍念衆生。前自無始。後盡未來。上自等覺菩薩。下及六道凡夫。無一人不在大悲誓願彌綸之中。譬如虛空普含一切。森羅萬象。乃至天地。悉所包容。亦如日光普照萬方。縱令生盲。畢世不見光相。然亦承其光照得以爲人。使無日光照燭。便無生活之緣。豈必親見光相者。方爲蒙恩乎。彼世智辯聰者。以己拘墟之見。闢駁佛法。謂其害聖道而惑世誣民。與生盲罵日。謂無光明者。了無有異。一切外道。咸皆竊取佛經之義。以爲己有。更有竊取佛法之名。以行邪法。是知佛法。乃世出世間之道本也。猶如大海。潛行地中。其滋潤流露。則爲萬川。而萬川無一不歸大海。彼謗佛者。非謗佛也。乃自謗耳。以彼一念心性。全體是佛。佛始如是種種說法敎化。冀彼捨迷歸悟。親證自己本具佛性而已。以佛性最爲尊重。最可愛惜。故佛不惜如是之勤勞。卽不信受。亦不忍棄捨耳。使衆生不具佛性。不堪作佛。佛徒爲如是施設。則佛便是世間第一癡人。亦是世間第一大妄語人。彼天龍八部。三乘賢聖。尙肯護衛依止乎哉。【序】六五

●佛視一切衆生。猶如一子。愛無偏黨。常欲度脫。以一切衆生。皆有佛性。皆堪作佛。故雖絕無信心之一闡提輩。亦無一念棄捨之心。機緣若到。自可生信歸依。依敎修持。以迄斷惑證眞。了生脫死。楞嚴經云。十方如來。憐念衆生。如母憶子。若子逃逝。雖憶何爲。子若憶母。如母憶時。母子歷生。不相違遠。若衆生心。憶佛念佛。現前當來。必定見佛。去佛不遠。如染香人。身有香氣。法

華經云。若有無量百千萬億衆生。受諸苦惱。聞是觀世音菩薩。一心稱名。觀世音菩薩。卽時觀其音聲。皆得解脫。又云。是觀世音菩薩。於怖畏急難之中。能施無畏。是故此娑婆世界。皆號之爲施無畏者。良由衆生之心。與佛菩薩之心。體無異。但以衆生迷昧。背覺合塵。致使彼此間隔。莫蒙覆被。倘背塵合覺。一心稱名。自然感應道交。垂慈加被。雖遇險難。亦得無虞也。【記】三五

●學道之要。在於對治習氣。每有學問愈深。習氣愈盛者。此乃以學道作學藝耳。故其所學愈多。畔道愈盛。此吾國儒釋俱衰之本源也。【復王尊蓮書】

●（以下論師道）夫人生大倫。其數唯五。謂君臣。父子。兄弟。夫婦。朋友。而父生。師教。君食。三者相等。何五倫之中。不列其師。不知師有成我之德者。則屬於父。次則誘掖獎勸。以達其材。則屬於兄。故孟子謂師也。父兄也。次則麗澤互益。如二月互照。二手互援。則屬於友。（朋。从二月。友。从二手。古文友。作㕛。又。手也。ナ。保。又之變體。）故佛門每謂尋師訪友。【書一】四三

●（以下論戒律）法門雖多。戒。定。慧。三攝無不盡。故楞嚴經云。攝心爲戒。因戒生定。因定發慧。是則名爲三無漏學。而三者之中。唯戒最要。以能持戒。則諸惡莫作。衆善奉行。其行與佛近。其心必不至與佛相遠也。故如來於梵網經。爲衆生保證云。我是已成佛。汝是未成佛。若能如是信。戒品已具足。又云。衆生受佛戒。卽入諸佛位。位同大覺已。眞是諸佛子。是持戒一法。乃超凡入聖。了

生脫死之第一要道也。【雜著】十六

●律不獨指粗迹而已。若不主敬存誠。卽爲犯律。而因果又爲律中綱骨。若人不知因果。及瞞因昧果。皆爲違律。念佛之人。舉心動念。常與佛合。則律、教、禪、淨一道齊行矣。【書二】二九

●以下論經典 如其天姿聰敏。不妨研究性相各宗。仍須以淨土法門而爲依歸。庶不至有因無果。致以了生脫死之妙法。作口頭活計。莫由得其實益也。必須要主敬存誠。對經像如對活佛。不敢稍存怠忽。庶幾隨己之誠大小而得淺深諸利益也。至於根機鈍者。且專研究淨土法門。果眞信得及。守得定。決定現生了生脫死。超凡入聖。校彼深通經論而不實行淨土法門者。其利益奚啻天地懸殊也。如上所說。無論什麼資格。最初先下這一味藥。則無論什麼邪執謬見。我慢放肆。高推聖境。下劣自居等病。由此一味阿伽陀萬病總治之藥。無不隨手而癒。【書二】九一

●佛法淵深。大聰明人。盡平生心力。尚研究不得到詳悉處。然佛法隨機施教。若欲得其實益。卽從特別超異之淨土法門研究而修持之。則頗省心力。實爲最要之道。【書二】六七

●校經一事。甚不容易。恐師無暇及此。委任他人。須有出格見識。十分細心。再三詳審。勤於考稽。方可一正訛謬。令其蕪穢盡除。天眞徹露。否則寧可依樣畫葫蘆。庶或不至大失其本眞矣。【書一】三

●華嚴一經，王於三藏，末後一著，歸重願王。但宜遵重華嚴，不可小視餘經。以諸大乘經，皆以實相爲經體故。華嚴之大，以其稱性直談界外大法，不攝二乘等故。法華之妙，在於會三歸一，開權顯實，開迹顯本處故。台宗謂法華純圓獨妙，華嚴猶兼乎權。（即指住行向地等覺而言。）然佛於法華讚法華爲經王，於華嚴亦然。豈後世宏經者，必須決定於五大部，分出此高彼下，不許經經偏讚乎。修禪宗者讚禪宗，修淨土者讚淨土。不如是，不能生人正信，起人景仰。但宜善會其義，不可以詞害意。孟子，稱孔子生民未有之聖，然孔子見堯於羹，見舜於牆，見周公於夢，其傚法企慕乎三聖者，何其至誠如是之極也。【書一】四十

【補註】前注中即指住行向地等覺而言者，以圓教初住，即破無明證法性，別教初地，方破無明證法性。華嚴兼有初地破無明證法性之義，故云華嚴猶兼乎權。而注此數字，以釋兼權之義，恐有未愜，故復重釋所以耳。

●善導令人一心持名，莫修雜業者，恐中下人以業雜致心難歸一，故示其專修也。永明令人萬善齊修，迴向淨土者，恐上根人行墮一偏，致福慧不能稱性圓滿，故示其圓修也。【書一】六二

●殘經無可修補，燒則無過。如可看可補者，則不宜燒。若不知變通，一向不敢燒，此經畢竟不能看，又不能如好經收藏，反成褻瀆，以褻瀆之過，貽之於人，豈可不知權變乎哉。【書二】二十一

●現在人的對證藥，唯因果爲第一，宜修法，唯淨土爲第一。（中略）無論何等根性，因果、淨土，爲必不可不先講究也。至於教相，亦須擇人而施。以學生各有所學之事，佛學乃兼帶耳。天機若淺，

則專務教相。或將淨土拋在腦後。致成有因無果之結果。是不可不相機而設法也。今之崇相宗者。其弊亦復如是。彼提倡者。實不爲了生死。只爲通法相。能講說耳。使彼知自力了生死之難。斷不肯唯此是務。置淨土於不問。或有誹薄之者。此其人皆屬好高務勝。而不知其所以高勝也。使眞知之。殺了亦不肯棄置淨土法門而不力修也。甚矣。學道之難也。【同上】

●衆生根器不一。如來慈悲無量。果能眞實至誠恭敬念佛。到臨終時。自有不期然而然者。紫柏、憨山語極親切。然彼二位。皆屬宗門知識。若對有眞信切願者說。則爲有益。對稍種善根。未能專修者說。則彼以爲生西無我們分。從此便打退鼓。說法不投機。便是閒言語。誠哉是言也。【大雲月刊】

●念佛法門。以信願行三法爲宗。以菩提心爲根本。以是心作佛。是心是佛。爲因該果海。果徹因源之實義。以都攝六根。淨念相繼。爲下手最切要之功夫。由是而行。再能以四宏誓願。常不離心。則心與佛合。心與道合。現生卽入聖流。臨終直登上品。庶不負此生矣。【大雲月刊】

●以下論中陰 中陰者。卽識神也。非識神化爲中陰。卽俗所謂靈魂者。言中陰七日一死生。七七日必投生等。不可泥執。中陰之死生。乃卽彼無明心中所現之生滅相而言。不可呆作世人之死生相以論也。中陰受生。疾則一彈指頃。卽向三途六道中去。遲則或至七七。幷過七七日等。初死之人，能令相識者，或見於晝夜，與人相接，或有言論，此不獨中陰爲然。即已受生善惡道中，亦能於相識親故之前，一爲現形。此雖本人意念所現，其權實操於主造化之神祇。欲以彰示人死神明不滅，及善惡果報不虛耳。否則陽間人不知陰間事，則人死形既朽滅，神亦飄散之瞽論，必至羣相附和。而舉世之人，同陷於無因無果，無有來生後世之邪見深坑。將見善者則亦不加惕厲以修德，惡者便欲窮凶極欲以造惡矣。雖有佛言，無由證明，誰肯信受。由其有現形相示等，足徵佛語無妄，果報分明。不但善者益趨於善，即惡者其心亦被此等情理折伏，而亦不至十分決裂。天地鬼神，欲人明知此事，故有亡者現身於人世，陽人主刑於幽冥等，皆所以輔弼佛法，翼贊治道。其理甚微，其關係甚大，此種事古今載籍甚多，然皆未明言其權之所自，并其事之關係之利益耳。【書一】八一

●中陰雖離身軀，依舊仍有身軀之情見在。既有身軀之情見，固須衣食而爲資養。以凡夫業障深重，不知五蘊本空，仍與世人無異。若是具大智慧人，則當下脫體無依，五蘊空而諸苦消滅，一眞顯而萬德圓彰矣。其境界雖不必定同，不妨各隨各人之情見爲資具。如焚冥衣，在生者只取其與衣之心，其大小長短，豈能恰恰合宜。然承生人之情見，并彼亡人之情見，便適相爲宜。此可見一切諸法，隨心轉變之大義矣。【書一】八一

●死之已後。尙未受生於六道之中。名爲中陰。若已受生於六道中。則不名中陰。其附人說苦樂事者。皆其神識作用耳。投生。必由神識。與父母精血和合。是受胎時。卽已神識住於胎中。生時。每有親見其人之入母室者。乃係有父母交媾時。代爲受胎。迨其胎成。本識方來。代識隨去也。欲海回狂。卷三第十二頁。第八九十十一十二行。曾有此問。原答頗不中理。光爲之改正。當查閱之。原答云。譬如雞卵。有有雄者。有無雄者。未有識託之胎。如卵之無雄者也。不知卵之無雄者。卽令雞孚。亦不生子。何可爲喻。光只期理明。不避僭越。故爲居士陳其所以。圓澤之母。懷孕三年。殆卽此種情事耳。此約常途通論。須知衆生業力不可思議。如淨業已成者。身未亡而神現淨土。惡業深重者。人臥病而神嬰罰于幽冥。命雖未盡。識已投生。迨至將生。方始全分心神附彼胎體。此理固亦非全無也。當以有代爲受胎者。爲常途多分耳。三界諸法。唯心所現。衆生雖迷。其業力不思議處。正是心力不思議處。亦是諸佛神通道力不思議處。【書一】八一

●以下論四土 凡聖同居。方便有餘二土。乃約帶業往生之凡夫。與斷見思惑之小聖而立。不可約佛而論。若約佛論。非但西方四土。全體寂光。卽此五濁惡世。三途惡道。自佛視之。何一不是寂光。故曰毗盧遮那。徧一切處。其佛所住。名常寂光。徧一切處之常寂光土。唯滿證光明徧照之毗盧遮那法身者。親得受用耳。餘皆分證。若十信以下。至於凡夫。理則有。而事則無耳。欲詳知

者。當細研彌陀要解論四土文。而梵網玄義。亦復具明。（毗盧遮那。華言光明徧照。亦云徧一切處。乃一切諸佛。究竟極果。滿證清淨法身之通號。圓滿報身盧舍那佛。亦然。若釋迦。彌陀。藥師。阿閦等。乃化身佛之各別名號耳。盧舍那。華言淨滿。以其惑業淨盡。福慧圓滿。乃約智斷二德所感之果報而言。）又須知實報寂光。本屬一土。約稱性所感之果報。則云實報。約究竟所證之理。則云寂光。初住。初入實報。分證寂光。妙覺。乃云上上實報。究竟寂光。是初住、至等覺。二土皆屬分證。妙覺極果。則二土皆屬究竟耳。講者。於實報、則唯約分證。於寂光、則唯約究竟。寂光無相。實報具足華藏世界海微塵數不可思議微妙莊嚴。譬如虛空。體非羣相。而一切諸相。由空發揮。又如寶鏡。虛明洞徹。了無一物。而復胡來胡現。漢來漢現。實報、寂光。即一而二。即二而一。欲人易了。作二土說。【書一】四五

●極樂四土。帶業往生者。居同居。斷見思惑者。居方便。破無明者。居實報。無明淨盡者。居寂光。又實報。約所感之果報說。寂光。約所證之理性說。本屬一土。講者冀人易曉。故以分證者屬實報。滿證者屬寂光。實則二土中。俱有分證、滿證。文鈔中亦詳述之。同居。雖具三土。而未斷惑者。止受用同居之境耳。雖屬帶業往生之人。不可以凡夫定名之。以皆得三種不退故。【書二】三四

●（以下論舍利）言舍利者。係梵語。此云身骨。亦云靈骨。乃修行人。戒定慧力所成。非煉精氣神所成。此殆心與道合。心與佛合者之表相耳。非特死而燒之。其身肉骨髮變爲舍利。古有高僧。沐浴而得舍利者。又雪巖欽禪師。剃頭。其髮變成一串舍利。又有志心念佛。口中得舍利者。又有人

刻龍舒淨土文板。板中出舍利者。又有繡佛、繡經。鍼下得舍利者。又有死後燒之。舍利無數。門人皆得。有一遠遊未歸。及歸致祭像前。感慨悲痛。遂於像前得舍利者。長慶閑禪師焚化之日。天起大風。煙飛三四十里。煙所到處。皆有舍利。遂羣收之。得四石餘。當知舍利。乃道力所成。丹家不知所以。妄億是精氣神之所煉耳。【書一】七六

●（以下論臂香）臂香者。於臂上然香也。靈峯老人。日持楞嚴、梵網、二經。故於然香一事。頗爲頻數。良以一切衆生。無不愛惜自身。保重自身。於他。則殺其身。食其肉。心更歡樂。於己。則蚊嚼芒刺。便難忍受矣。如來於法華、楞嚴、梵網等大乘經中。稱讚苦行。令其然身臂指。供養諸佛。對治貪心。及愛惜保重自身之心。此法。於六度中。仍屬布施度攝。以布施有內外不同。外則國城妻子。內則頭目髓腦。然香然身。皆所謂捨。必須至心懇切。仰祈三寶加被。唯欲自他業消慧朗。罪滅福增。（言自他者。雖實爲己。又須以此功德。回向法界衆生。故云自他。）絕無一毫爲求名聞。及求世間人天福樂之心。唯爲上求佛道。下化衆生而行。則功德無量無邊。不可思議。所謂三輪體空。四弘普攝。功德由心願而廣大。果報由心願而速獲。其或心慕虛名。徒以執著之心。效法除著之行。且莫說然臂香。即將全身通然。亦是無益苦行。以以執著心。求名譽念。既無三輪體空之解。又無四弘普攝之心。以如來破除身見之法。轉增堅固身見。罪福由心而分。果報由心而異。故華嚴謂。牛飲水成乳。蛇飲水成

毒。智學證涅槃。愚學增生死者。此也。【書一】五七

●菩薩之心。猶如太虛。無不包括。欲利益衆生。作種種方便。先以欲鉤牽。後令入佛智。不得以凡夫知見妄生測度。以彼已證法忍。了無人我之可得。唯欲攝受一切衆生。入於如來大覺法海。若有計校。便屬情見。便與無人我之道。不能冥契矣。云布施頭目髓腦。則誠然。至於妓女（妓女。即歌舞之女。當作技。技。即歌舞之謂。）綵女等。不過擴充菩薩布施之心。不可以詞害意。若死執其語。則願令阿僧祇世界妓女充滿之文。又將如何安置乎哉。此顯菩薩內外俱捨。了無貪惜。內而頭目髓腦。外而國城妻子。無一法生貪著。故能於生死中獨得解脫。彼受施者。由菩薩願力攝持。或於即時。或於後世無不親蒙利益。了生脫死。如歌利王之割截身體。後為最初得度之憍陳如。此種如太虛量之大菩提心。何可以凡夫小知小見測量。須知未得法忍之凡夫。心中當慕菩薩之道。其行事當依凡夫常理。否則便於住持法道。或有妨礙。若未證無生法忍。即不住持法道。亦不宜學菩薩之捨頭目髓腦等。以自力不足。不堪忍受。若自若他。俱無所益。凡夫須按凡夫能行者行之則可矣。【書一】八八

●（以下論境界）念佛人臨終蒙佛接引。乃生佛感應道交。雖不離想心。亦不得謂獨是想心所現。絕無佛聖迎接之事。心造地獄。臨終則地獄相現。心造佛國。臨終則佛國相現。謂相隨心現則可。

謂唯心無境則不可。唯心無境。須是圓證唯心之大覺世尊說之。則無過。閣下若說。則墮斷滅知見。是破壞如來修證法門之邪說也。可不愼諸。一一具說。太費筆墨。知一反三。當無遺義矣。

【書二】二八

●須知時無定法。隨人所見不同。佛菩薩境界且置。姑以凡小之境明之。周靈王子子晉。學仙。過七日。於緱山出現。已到晉朝。故有詩曰。王子去求仙。丹成入九天。洞中方七日。世上幾千年。（幾。讀平聲。近也。從周靈王。至晉。彼出時。將及一千年耳。）又呂純陽遇鍾離權於邯鄲逆旅中。鍾勸其學仙。呂意欲得富貴後方學。鍾與一枕令睡。則夢見由小至大。以至宰相。五十年富貴榮華。世所罕有。子孫滿堂。其樂無央。後以一事與上意不合。遂自引退。乃醒。睡時。逆旅主人煮黃粱米粥。夢中出入將相。做許多大事。經五十年之久。及醒。黃粱粥尚未煑熟。此不過仙人之所現。尚能於一念中作五十年境界事業。況佛爲天中天。聖中聖。諸大菩薩。已證法身之境界乎。故善財入彌勒樓閣。入普賢毛孔。皆於十方世界。行六度萬行。經佛剎微塵數劫。汝看此文。又將何以測度乎。須知三際無實體。在凡夫分中。只見凡夫所應見之境。不得以凡夫所見之境。謂佛菩薩亦復如是。了無有異。今爲喻明。如鏡照數十重山水樓閣。實無遠近。復遠近歷然。世間色法。尚能如是。況已證唯心自性之心法乎。故曰。於一毫端現寶王剎。坐微塵裏轉大法輪。十世古今。始終不離於當念。

無邊刹土。自他不隔於毫端也。凡屬不思議境界。但當仰信佛言。勿妄測度。果能懇切至極。自可悉皆明了。亦不須問人也。若不在懇切至誠禮拜持誦上致力。終日取非凡夫所能測之境界而妄測之。則與幻人法師同一覆轍。欲不受謗佛、謗法、謗僧之罪報。何可得乎。〔書一〕九三

●知令嚴所有靈感甚多。不勝欽佩。若約受法時。大士與天龍八部皆現。尙有密宗禁戒不許宣傳之妙境。此豈爲素奉基督曲爲示現乎。若依此義判。必定有所證。若無所證。聖決不牽爾虛應。至謂起信之見應身。乃念佛人臨終之相。以未破無明。所見皆應報法之身。非彼善根所能見者。至於普陀梵音洞之見。乃曲令衆生增長信心。人人得而見之。不可引以爲例。若引。則便致一切人皆依此以造謠言矣。五臺之文殊。古人見者頗多。然皆有大因緣。或有深工夫。見則必有悟解證入。光 光緒十二年朝五臺。先在北京琉璃廠。徧求清涼山志。只得一部。日常看之。以天冷。至三月初方到山。住山四十餘日。見來朝山者。多說見文殊菩薩。實少眞行持者。固知朝山者說見。皆附和古人之迹。以自誇耳。使其果見其人。必與隨流打混者。金鍮各別。否則文殊便不自重。而輕以現身。所爲何事。理卽佛。卽一切衆生。是非指背塵合覺而言。若背塵合覺。則便屬名字矣。某君之入定。則同毗盧遮那。出定。仍是凡夫。乃不知慚愧。大言欺人耳。使果同毗盧遮那。斷不至仍是凡夫。彼蓋欲以密宗壓人。不知光縱不知密宗。豈不知是非。而卽可

籠絡乎哉【復陳伯達書】

●（以下論神通）道濟禪師。乃大神通聖人。欲令一切人生正信心。故常顯不思議事。其飲酒食肉者。乃遮掩其聖人之德。欲令愚人見其顛狂不法。因之不甚相信。否則彼便不能在世間住矣。凡佛菩薩現身。若示同凡夫。唯以道德教化人。絕不顯神通。若顯神通。便不能在世間住。唯現作顛狂者。顯則無妨。非曰修行人皆宜飲酒食肉也。世間善人。尚不飲酒食肉。況爲佛弟子。要教化衆生。而自己尚不依教奉行。則不但不能令人生信。反令人退失信心。故飲酒食肉不可學。彼喫了死的。會吐出活的。你喫了死的。尚不能吐出原樣的肉。何可學彼喫肉。彼喝了酒。能替佛裝金。能將無數大木。從井裏運來。汝喝了酒。把井水也運不出來。何可學他。濟公傳有幾種。唯醉菩提最好。近有流通者。云有八本。多後人敷衍之文。醉菩提之文若義均好。所敘之事。乃當日實事。世人不知所以然。不是妄學。便是妄毀。妄學則決定要墮地獄。妄毀則是以凡夫知見。測度神通聖人。亦屬罪過。比之學者。尚輕之多多矣。見其不可思議處。當生敬信。見其飲酒食肉處。絕不肯學。則得益不受損矣。【書一】九五

●人能弘道。非道弘人。世間之亂。乃衆生同分惡業所感。彼邪僻諸說亦然。世風之變。最初皆一二人爲之發起。治亂邪正。無不皆然。何可不於人力轉變處講。而專歸於佛菩薩顯神變乎。

佛菩薩非不能顯神變，奈衆生業重，亦無如之何。譬如濃雲厚霧，渺不見天日，將謂天日已無有乎。而人與天地稱爲三才，僧與佛法，名爲三寶，其如此稱者，以參贊化育，宏揚法道之義而名之。汝專欲棄人力而任佛菩薩天地之力，是尚可謂知道者乎。大亂之世，大悲菩薩示現救護，亦救其有緣耳。以亂乃同業，其宿因現緣乃別業，有感菩薩之別業，則蒙菩薩加被救護，何可儱侗而論。菩薩逆順方便救護衆生之事，非膠知板見者所能知。今爲汝說一例，由此而推。勿道是菩薩，卽眞怨家，亦好作入道成佛之基。諸佛以八苦爲師，成無上道，是苦爲成佛之本。又佛令弟子，最初卽修不淨觀，觀之久久，卽可斷惑證眞，成阿羅漢，則不淨又爲淸淨之本。北俱盧洲之人，了無有苦，故不能入道。南閻浮提，苦事甚多，故入佛道以了生死者，莫能窮數。使世間絕無生老病死，刀兵水火等苦，則人各醉生夢死於逸樂中，誰肯發出世心，以求了生死乎。至謂擁強兵，踞高位，作種種苦惱衆生事者，或亦有大悲示現者歟。此義唯可與通人言，不可與無知無識者道。若是通人，卽眞惡魔，亦可得益。無知無識者，若知此義，則不知發心修行，反去毀謗佛法。譬如用藥，小兒不肯喫藥，塗之於乳，則不喫而喫矣。汝欲作通人大張此義，則害人處多，而利人處少矣。且祈緘默，勿妄談說。佛菩薩之境界，非凡夫所能測度。（書一）九八

●以下論祕傳　今之各外道，無不以祕傳引動無知者入彼敎中。將願入時，必須發誓，以後若反其

敎．則得如何如何之惡報。實則多多都是騙人之法。而以發誓之故．縱有知其非者．亦不敢或有違背及與表章。甚矣．外道祕傳發誓之法之惑人深．而羈人固也。吾佛無祕傳之法．一人如是說。萬人亦如是說。關門塞窗．外設巡邏．只許一人入內．而且小語不令外聞．此道焉有光明正大之事。願諸位悉知其弊．故略述之。【海潮音月刊】

● 若有暗地裏口傳心授之妙訣．卽是邪魔外道．卽非佛法。【書一】四四

● （以下論扶乩）乩壇所說．多屬靈鬼依託當人之智識而作。若說世間道理．則是者尚多。若說佛法．則非己所知．妄造謠言。【書一】二六

● 扶乩．多是靈鬼假冒仙佛神聖。鬼之劣者．或無此通力。其優者．則能知人心．故能借人之聰明智識而爲之。紀文達謂乩多靈鬼假託。余與兄坦然扶乩．余能詩而不能書．余扶則詩詞敏捷．書法潦草。坦然扶．則詩詞庸常．書法遒勁。所冒古人問及集中奧竅．則云年代久遠．不復記憶．故知非眞。然此鬼之靈．但能於人現知之心．借而爲用。於識田中有現知中無者．或此義非己所知者．便不能引以示人。其去業盡情空之他心通．實有天淵之遠．但其氣分似之。又恐汝等或爲乩敎所迷．故不得不引及而幷言之。【書一】四二

● 近來上海乩壇大開．其所開示改過遷善．小輪迴．小因果等．皆與世道人心有大裨益。至於

說天說佛法，直是胡說。吾等爲佛弟子，不可排斥此法，以其有阻人遷善之過。亦不可附贊此法，以其所說佛法，皆屬臆撰，恐致壞亂佛法，疑誤衆生之愆。【書一】四二

●（以下論煉丹）佛法，唯敎人止惡修善，明心見性，斷惑證眞，了生脫死。一大藏經，絕無一字敎人運氣煉丹，求成仙昇天長生不老者。國初魔民柳華陽作慧命經，盡用佛經祖語證煉丹法。挽正作邪，以法謗法。未開眼人見其邪說，認爲眞實，正見永失。所言所修，皆破壞佛法，而猶囂囂自得，謂吾幸遇眞乘，得聞正法。所謂認賊爲子，煮砂作飯，一盲引衆盲，相牽入火坑，可不哀哉。夫煉丹一法，非無利益。只可延年益壽，極功至於成仙昇天。尚非老子眞傳，況是佛法正道。孔子曰，朝聞道，夕死可矣。老子曰，吾有大患，爲吾有身。若能領會此語，便不被彼所迷。兼能熟閱安士全書，居士傳，平心論，稽古略等書，則明鏡當臺，妍醜自分，洪鑪驗金，眞僞立判。【書一】五七

●竊以釋道本源，原無二致，其末流支派，實有天殊。佛敎敎人，最初先修四念處觀。觀身不淨，觀受是苦，觀心無常，觀法無我。既知身、受、心、法，全屬幻妄，苦、空、無常、無我、不淨，則眞如妙性，自可顯現矣。道敎約原初正傳，亦不以煉丹運氣，唯求長生爲事。後世凡依道敎而修者，無一不以此爲正宗也。佛敎，大無不包，細無不舉。不但身心性命之道，發揮罄盡無餘。卽小而世諦中孝弟忠信，禮義廉恥等，亦毫善弗遺。唯於煉丹運氣等，絕無一字言及，而且深以爲戒。以一則

令人知身心爲幻妄．一則令人保身心爲眞實耳。此所謂心．乃指隨緣生滅之心．非本有眞心也。煉丹一法．非無利益。但可延年益壽．極而至於成仙昇天。若曰了生脫死．乃屬夢話。〔書二〕七五

●以下論事須適宜　夫念佛一事．當隨各人力量隨便．出聲、默念、大聲、小聲．皆無不可。何得一向大聲念．致令傷氣受病耶。然汝此大病．雖由傷氣而起．實無量劫來業力所現。以汝精進念佛之故．遂轉後報爲現報．轉重報爲輕報。卽此一病．不知消幾何劫數三途惡道之罪。佛力難思．佛恩難報．當生大慶幸．生大慚愧．生大淨信。以淨土一法．自行化他．俾家中眷屬與一切有緣者．同生西方。則可不負此病．及佛爲現身也。〔書一〕八四

●學佛．必須專以自了爲事．然亦須隨分隨力以作功德。若大力量人．方能徹底放下．徹底提起。中下之人．以無一切作爲．遂成懶惰懈怠．則自利也不認眞．利人全置度外．流入楊子拔毛不肯利人之弊。故必須二法相輔而行．但專主於自利一邊。二林之語．亦不可誤會。誤會則得罪二林不小。二林之意．乃專主自利．非幷隨分隨力敎人修習淨土法門全廢也。利人一事．唯大菩薩方能擔荷．降此．誰敢說此大話。中下之人．隨分隨力以行利人之事．方合修行自利之道。以修行法門．有六度萬行故。自未度脫．利人仍屬自利．但不可專在外邊事跡上做。〔書二〕八

●眞辦道人．何預他事。但未能通身放下．斬斷萬緣．不妨帶培心地．以救取一半耳。〔同〕十五

●念佛。雖貴至誠清潔。然病人做不到。但心存至誠默念。或出聲念。功德仍是一樣。以佛慈廣大。如父母於兒女病苦時。則不以平常之儀式見責。而且爲其撫摩身體。洗濯汙穢。若兒女病好。猶然令父母同彼病時一樣伺候。則當被雷打。【書二】六八

●立身處世居心。則若賢若愚。通皆恭敬。不生傲慢。行事則親賢遠愚。取優去劣。如是則可免相染之弊。及挂誤之愆。天下事有一定之理。無一定之法。若不以情事而爲定奪。如執死方子醫變證。則生者少而死者多矣。是在情與理相合。法與事相契。則得之矣。【書二】六

●天下萬事。皆有一定之理、而當其事者。須秉一定之理。而行因時適宜之道。理與權相契。法與道相符。斯爲得之。【書二】十二

●佛法因人而施。斷不可執通途宏規。而與機相違。致失卽生了脫之殊勝利益。是在當人自量根性。而爲修持耳。【書二】二二

●火葬一法。唐宋佛法盛時。在家人多用之。然宜從俗葬埋。恐執泥者妄生議論。實則燒之爲易泯滅。過七七日燒。彌妥。葬之年辰久。或致骨骸暴露耳。三年之喪。不作禮樂。固宜遵守。前清文官必丁憂。武官不丁憂。以軍事不可或輟。故不爲制。今則廢倫非孝。紛紛而起。守制之期。尚足挂齒乎。吾人當依古禮斟酌行之。不可遽變。不必過泥可耳。【書二】六一

●蓮社初開。須有定規。女人入社。斷乎不可。切不可效他方之漫無檢約。以致一法才立。而百弊叢生矣。至要至要。【書二】二四

●竊謂現今世道人心。陷溺至於極點。又加國用空乏。賦稅比前重得數倍。諸物昂貴。民不聊生。天災人禍。頻頻降作。値此時際。欲宏法道。只可普與來者。指其學佛要義。於父言慈。於子言孝。兄友弟恭。夫倡婦隨。各盡己分。以立基址。由是加以主敬存誠。克己復禮。明因識果。期免輪迴。諸惡莫作。衆善奉行。信願念佛。求生西方。天姿縱高。亦當依此而行。於有餘力時。不妨研究一切經論。令其在己家庭。隨分修持。則不須廣建屋宇。備立人員。彼此往來。曠職費日。此誠現今宏法。將計就計之最上一著也。【書二】四二

●欲求往生。當放下此世間。並放下過分之狂妄心。如同菩薩在生死中度脫衆生。此須自己是菩薩始得。若自己尚是凡夫。便欲擔任此事。不但不能度人。且不能自度。世間多少善知識。皆受此病。尚謂之有菩提心。須知此心。先求往生則有益。以此不求往生。須是菩薩則可。否則爲害不淺。過分之狂妄心。爲眞修行者之一大障礙。不可不知。【復潘對鳧書】

●當此劫濁亂時。固宜提倡因果報應。及與淨土法門。方有實益。彼好高務勝者。恐一提倡。便隳其聲價。以故寧可令人不會。決不肯屈我門風。試問彼於調養生命之外物。能固執一法。不

求變通否乎。夏葛而冬裘，渴飲而饑食，彼於一日之中，尙必取其合宜。其於宏法，則其智反不如養生之得計，謂其眞欲利人可乎。【大雲月刊】

●創立蓮社，必須清淨香潔。主人必須恭敬至誠，不可傲慢於人，亦不可有德色於人之氣象，凡來者悉溫恭謙遜以待之。至於未念佛及念佛畢，概不得談家常，有可談敘之要義則談之，否則各歸原所。年紀太輕者，只可在自己家裏念。若常來路近尙可，路遠或恐有意外之虞，不可不愼。此不過爲地方作一提倡而已，仍須以專意在家念佛爲事。【大雲月刊】

●學佛之人，先以知因果，愼獨上下手。既能愼獨，則邪念自消，何至有所不如法處。若有則當力令斷滅，方爲眞實行履。否則學在一邊，行在一邊，知見愈高，行履愈下，此今學佛自稱通家者之貼骨大瘡。倘能以不貳過是期，則學得一分，便得一分之實益矣。【復陳伯達書】

●（以下論富强）中國之貧弱，由於不依禮義，依禮義，何至貧弱。試問貧弱之因，何一不是貪贓受賄以利外人乎。汝未認淸病源，便謂藥不見效，可謂智乎。外國之强，以國小，不同心協力，不能自立。中國則人各異心，縱有同者，外人以賄誘之，則隨賄所轉，不但不顧國與民，并將自身亦不顧。謂爲奉行禮義之失，其可乎哉。昔林文忠公之驅夷，卽是其證。以後大小事，何一非中國代爲周旋令成乎。中國之人，多半皆屬亡八字，故致外國如是之强，中國如是之弱。使皆守禮義，則外國之無益各貨。將無處可消。而中國一年當保全數千萬萬金矣。中國人之下作。誠可謂下作之極矣。孟子曰。獨孤臣孽子。其操心也危。其慮患也深。故達。汝雖讀書閱世。未知讀書閱世之道。故有此問也。為今之計。當以提倡因果報應。生死輪迴。及改惡修善。信願往生。為挽回劫運。救國救民之第一著。談玄說妙。尚在其次。然欲救世。非自己躬行。斷無實效。由身而家。由家而邑。由邑而國。此風一倡。或可有意料不及之效。否則便難夢見矣。【書一】九八

●近來人做大事者。多少年率以立異學外為是。觀堯舜周孔。皆不足法。未得志。則是狂妄梗化之民。已得志。則成誤國害民之士。故致天災人禍。相繼而興。國運危岌。民不聊生也。所貴學佛者。要對治習氣。改過遷善。若無事。儘管學佛。有事時。便置學佛於度外。則便成空名。毫無實益矣。【大雲月刊】

●以下論預防災禍 今之世道。只好各盡其心。至未來之吉凶禍福。不能預斷。果虔誠念佛。念觀世音菩薩。冥冥中當有轉折。不至有大危險。若不在此事上著力。縱用盡機謀。亦難得好效果。以世局變幻。非可預料。彼榮貴赫奕者。旋即消滅烏有。況吾人乎。孔子曰。不知命。無以為君子也。然猶須極力修持。方可言命。倘懶惰懈怠。任性委靡。則所得所失。皆不是命矣。【同上】

●今之世道。乃患難世道。雖曰念佛能滅宿業。然須生大慚愧。生大怖畏。轉眾生之損人利己

心。行菩薩之普利衆生行。則若宿業。現業。皆仗此大菩提心中之佛號光明。為之消滅淨盡也。若前生。昔日曾作大業。今雖止惡。未能力修衆善。但泛泛然念佛。則功過不相敵。固難免或罹惡報耳。非念佛之功虛棄。以未發菩提心。特以惡業廣大。不能相掩耳。倘能發大菩提心。則如杲日當空。霜露立消。世人多有作惡半生。後稍改悔。因未能全無惡報。遂謂佛法不靈。修持無益。居士既不以光為外人。光固不得不與居士略陳所以。以期出迷途而登覺岸耳。【同上】

九　論在家善信

甲　示倫常大教

●盡性學佛。方能盡倫學孔。盡倫學孔。方能盡性學佛。試觀古今之大忠大孝。與夫發揮儒教聖賢心法者。無不深研佛經。潛修密證也。儒佛二教。合之則雙美。離之則兩傷。以世無一人不在倫常之內。亦無一人能出心性之外。具此倫常心性。而以佛之諸惡莫作。衆善奉行。為克己復禮。閑邪存誠。父慈子孝。兄友弟恭之助。由是父子兄弟等。相率而盡倫盡性。以去其幻妄之煩惑。以復其本具之佛性。非但體一。即用亦非有二也。【書三】五三

●須知佛法乃十法界公共之法。無一人不應修。亦無一人不能修。彼謂佛教為棄人倫。害聖道者。皆未見顏色之瞽論也。何以言之。佛於父言慈。於子言孝。於君言仁。於臣言忠。夫倡婦隨

兄友弟恭。舉世諦之嘉言懿行。佛經無不詳陳其宿因現果。現因後果。其言慈孝等。則與儒教相同。其詳示三世因果處。則儒教便無聞焉。況其斷惑證眞。及圓滿菩提。歸無所得之法乎。惜其人之未覩也。倘詳閱而深思之。則當痛哭流涕。聲震大千世界。悲昔謗佛之罪咎也。【書一】十六

●欲學佛祖。先須取法聖賢。倘躬行有玷。倫常乖舛。尙爲名教罪人。何能爲佛弟子。佛教雖出世法。然遇君言仁。遇臣言忠。遇父言慈。遇子言孝。由淺而入深。下學而上達。熟讀安士全書。可以知其梗概矣。【書一】三二

●欲爲眞佛。須先從能爲眞儒始。若於正心誠意。克己復禮。主敬存誠。孝弟友恭等。不能操持敎篤。則根基不固。何以學佛。選忠臣於孝子之門。豈有行悖儒宗。而能擔荷如來家業。上續慧命。下化衆生乎。佛法大無不包。細無不舉。世出世間。無一法不在範圍之中。世之拘墟者。每以出家爲悖倫理。遂不體究。反加謗毀。因噎廢食。自喪性命。實可哀憐。若能放開眼界。方知佛法流布中外。二千年來。其道盛行。經幾多聖君賢相。傑士偉人。爲之護持傳布者。固自有非凡情所測之眞道在也。縱有一二拘墟之儒闢之。暴惡之君毀之。究屬隻手遮日。仰面唾天。適自形其少知少見。妄　妄爲之過咎耳。於佛究何損哉。又有外彰闢擾之名。內取修證之實。由宋以來。凡儒門大宗。莫不皆然。光所謂誠意正心。由此致有欠缺者。實屬決定論也。【書一】七三

●學佛一事。原須克盡人道。方可趣向。若於孝弟忠信禮義廉恥等事。一不實踐。雖終日奉佛。佛豈祐之哉。良以佛教。該世出世間一切諸法。故於父言慈。於子言孝。各令盡其人道之分。然後修出世之法。譬如欲修萬丈高樓。必先堅築地基。開通水道。則萬丈高樓。方可增修。且可永久不壞。若或地基不堅。必至未成而壞。語云。選忠臣於孝子之門。學佛者亦復如是。昔白居易問鳥窠禪師曰。如何是佛法大意。師曰。諸惡莫作。衆善奉行。欲學佛法。先須克己愼獨。事事皆從心地中眞實做出。若此人者。乃可謂眞佛弟子。若其心奸惡。欲借佛法以免罪業者。何異先服毒藥。後服良藥。欲其身輕體健。年延壽永者。其可得乎。【書二】十六

●大丈夫。能令文章蓋天下。功業宣宇宙。而不能斷惑證眞。了生脫死者。以著於外而遺其內。著於有爲之末。而遺其無爲之本也。世間人誰能一一占全。吾人但取其克盡倫常。力修淨業即已。何暇計其他哉。【書二】三二

●竊以春秋祭祀。儒禮所重。歲時追薦。釋教尤崇。念水源木本之恩。修愼終追遠之事。世出世間。又何間然。【序】三七

乙　論家庭教育

●人家欲興。必由家規嚴整始。人家欲敗。必由家規頹廢始。欲子弟成人。須從自己所作所爲。

有法有則。能爲子弟作榜樣。始此一定之理。今欲從省事省力處起手。當以因果報應。爲先入之言。使其習以成性。庶後來不至大有走作。此誠淑世善民。齊家教子之第一妙法也。【書一】四九

●子弟之成。唯在家教。凡屬子女。必須從幼教以孝弟忠信勤儉溫恭。至其長而入學讀書。方有受益之基。倘自幼任性而慣。且無論無天姿、無善教。卽有天姿、有善教。亦祇成得個文字工人。儒門敗類而已。世有才高北斗。學富五車。而其所作所爲。皆仗此聰明。以毒害生靈。毀滅道義者。其原皆由初無家教以爲之肇也。文王刑于寡妻。至于兄弟。以御于家邦。與大學欲治天下國家者。必從格物致知。誠意正心而起。同一旨趣。此儒門教人希聖希賢之無上祕訣。舍是而求。皆其末耳。【書一】六二

●爲今之計。子女當能言語知人事時。卽於家庭先令認字塊。（女子。雖不必令其通大學問。斷不可不識字。不通文理。母儀宜胎教者。識字通文理。則所生子女。便易爲學矣。）每一塊紙方。祇寫一字。不可兩面俱寫。若兩面寫。則便同記口歌矣。日限幾字。每日將認過熟字。又須徧認一二過。不上年餘。便認許多。後讀書時。凡讀過者。通皆認得。不致有祇記口歌之弊。凡彼力能爲者。必須令其常做。以習勤。（如洒掃執侍等。）凡飲食衣服。勿令華美。但凡拋撒五穀。及損壞什物。無論物之貴賤輕重。必須告其來處不易。及折福損壽等義。倘再如此、定遭撲責。決不放過。如此。則自能儉約。斷不致奢侈暴殄。及能讀書。卽將陰騭文。感應篇。令

其熟讀。爲其順字面講演之。其日用行爲合於善者。則指其二書之善者而獎之。合於不善者。則指其二書之不善者而責之。彭二林居士家。科甲冠於江浙。歷代以來。遵行二書。其家狀元甚多。然皆終身守此不替。如金入模。如水有隄。豈有不能成器。仍舊橫流之理乎。人之爲人。其基在此。此而不講。欲成全人。除非孟子以上之天姿則可矣。然讀書之時。不可卽入現設學校。宜合數家。請一文行兼優。深信因果之師。令其先讀四書及五經耳。待其學已有幾分。舉凡文字道理。皆不被邪說俗論所惑。然後令其入現學校。以開其眼界。識其校事。不致動與時乖。無由上進矣。能如是。則有天姿者。自能有爲。無天姿者。亦爲良善。獨善兼善。自利利他。實不外此。老僧常談也。【書一】六二

●教子女。當於根本上著手。所謂根本者。卽孝親濟衆。忍辱篤行。以身爲教。以德爲範。如鎔金銅。傾入模中。模直則直。模曲則曲。大小厚薄。未入模之先。已可預知。況出模乎。近世人情。多不知此。故一班有天姿子弟。多分狂悖。無天姿者。復歸頑劣。以於幼時失其範圍。如鎔金傾入壞模。則成壞器。金固一也。而器則天淵懸殊矣。惜哉。佛以無我爲教。令人每每稍有知見。便目視雲漢。是以知文字義理爲佛法。而不知以修身淨心。滅除我相。力修定慧。以期斷惑證眞爲佛法也。【書二】五

●竊謂父母愛子。無所不至。唯疾病患難。更爲嬰心。小兒甫能言。卽教以念南無阿彌陀佛。及

南無觀世音菩薩名號。卽令宿世少栽培，承此善力，必能禍消於未萌，福臻於不知，而關煞病苦等險難，可以無慮矣。稍知人事，卽敎以忠恕仁慈，戒殺放生，及三世因果之明顯事迹，俾習以成性。在兒時，不敢殘暴微細蟲蟻，長而斷不至作奸作惡，爲父母祖先之辱。【書二】三

●子弟之有才華，有善敎，則易于成就正器。無善敎，則多分流爲敗種。今日之民不聊生，國步艱難，幾于蹶覆者，皆有才華無善敎者，漸漸釀成之也。無才華，固宜敎其誠實。有才華，益宜敎其誠實。然誠實，亦可僞爲。最初，卽以因果報應，及人之舉心動念，天地鬼神，一一悉知悉見，作常途訓誨。而陰騭文，感應篇，必令熟讀。且勿謂非佛書而忽之。以凡夫心量淺近，若以遠大之深理言之，則難于領會。此等書，老幼俱可聞而獲益。而況德無常師，主善爲師乎。佛尙以死屍、糞穢、毒蛇，令人作觀，以之證阿羅漢者，逾恆河沙。況此種貼實存養省察之言句乎。【書二】五

●在凡夫地，不能無病，亦不能任而不治。其治之之法，最省力，最得益處，在以病爲藥。以病爲藥，則病不爲累矣。卽如愛子女之病，決不能斷。不妨卽以此愛爲本，必欲使子女，生爲正人，沒生淨土。此其愛，乃以世間凡情，成出世聖果。若不善用愛，任性嬌養，則與殺其身，過百千萬億無量無邊多多倍。國之滅亡，民之塗炭，皆此種不洞事之父母釀成之，可不哀哉。【書二】六

●欲子孫之不趨敗途，共入正道者，當以感應篇彙編，陰騭文廣義，爲定南鍼。則世俗習染之

惡浪滔天。黑雲障日。亦不至不知所趨。而載胥及溺。否則縱令風平浪靜。天日昭彰。亦難保不入洄洑。而隨卽沈溺矣。況絕無風平浪靜天日昭彰之望之世道人心乎。須知陰德二字。所包者廣。成就他人子弟。令入聖賢之域。固屬陰德。成就自己子弟。令入聖賢之域。亦是陰德。反是。則誤人子弟。固損德。誤己子女。亦損德。力能兼及。何幸如之。否則且就家庭日用云爲。以作爲聖爲賢之先容。正所謂卽俗修眞。現居士身而說法者。祈以此意。與令友及一切知交。愷切言之。亦未始非己立立人。自利利他之一端也。【書二】四五

●周之開國。基於三太。而文王之聖。由於胎敎。是知世無聖賢之士。由世少聖賢之母之所致也。使其母皆如三太。則其子縱不爲王季、文王、周公。而爲非作奸。蓋亦鮮矣。而世人祇知愛女。任性憍慣。不知以母儀爲敎。此吾國之一大不幸也。人少時。常近於母。故受其習染最深。今日之人女。卽異日之人母。人欲培植家國。當以敎女爲急務。勿曰此異姓之人。吾何徒受此憂勞哉。須知爲天地培植一守分良民。卽屬莫大功德。況女能德鎭坤維。其子女必能肖其懿範。榮何如之。況自己子孫之媳。亦人家之女乎。欲家國崛興。非賢母則無有資助矣。世無良母。不但國無良民。家無良子。卽佛法中賴佛偸生之蟒流僧。一一皆非好母所生。使其母果賢。斷不至下劣一至於此。惜哉。【書二】三

●汝家屬甚多。倘諸弟婦、令妹、令女等。學堂歸來。宜以因果報應。及念佛利益。與之談論。俾彼等各各心中自知己心與天地鬼神相通。與彌陀慈父相通。由茲斷除惡念。增長正信。俾彼現在堪爲人之賢妻。將來堪爲人之賢母。以此風於鄉邑。是亦治天下國家之根本法輪也。菩薩隨俗利生。并不另起鑪竈。對病發藥。令彼各各就路還家而已。現今學堂中婦女。多多妄生異圖。擬操政權。不知各守本分。相夫教子。乃天下太平之根本。以故周之王業。基於三太。彼太姜、太任、太姒。乃女中聖人。但以陰相其夫。胎教其子爲事。今人不此是學。其所計慮。皆爲亂天下之媒孽。可勝道哉。（書二）四

●人生世間。善惡各須輔助。方克有成。雖天縱之聖。尚須賢母賢妻。以輔助其道德。況其下焉者乎。以故太任有胎教。致文王生有聖德。故詩讚其刑於寡妻。至於兄弟。以御於家邦。然此但約文王邊說。若論太姒之德。固亦可以輔助文王之道。如兩燈互照。愈見光明。兩手互洗。方得清淨。觀思齊太任。太姒嗣徽音之說。可以知矣。由是言之。世少賢人。由於世少賢母。與賢妻也。良以妻能陰相其夫。母能胎教子女。況初生數年。日在母側。親炙懿範。常承訓誨。其性情不知不覺爲之轉變。有不期然而然者。余常謂教女爲齊家治國之本。又常謂治國平天下之權。女人家操得一大半。蓋謂此也。以天姿高者。若有賢母以鈞陶之。賢妻以輔翼之。自可意誠心正。

明明德。止至善。窮則獨善其身。達則兼善天下。卽天姿平常者。亦堪循規蹈矩。作一守分良民。斷不至越理犯分。爲非作奸。以忝所生。而爲世害也。惜世人夢夢。不以盡倫守分教女。使日唯從事於妝飾。此外則一無所講。異日爲人妻。爲人母。不但不能相夫教子。以成善士。或反相之教之以成惡人。由是言之。教女一事。重於教子多多矣。而余所謂教女爲齊家治國之本。及治國平天下之權。女人家操得一大半。乃眞語實語也。近世學風大開。女子入學。多被不知教本之教員所誤。從茲不以盡倫守分。宜室宜家。相夫教子爲事。各各皆欲操政權。作長官。越分計慮。習爲狂妄。亦可慨也。安得有長民者。極力提倡。令其在家庭中培植。俾修齊治平之效。出於不知不覺了無形迹中。則何幸如之。【雜著】十三

●爲人子者。父母之德。固宜表彰。其表彰之法。注重躬行。必須克己復禮。閑邪存誠。知過必改。見義必爲。明因識果。戒殺放生。諸惡莫作。衆善奉行。生信發願。持佛名號。自行化他。同生淨土。能如是者。人縱不知其父母之德。而以景仰其人之德。并景仰其父母祖宗之德。以爲潛修已久。故有如是之令嗣。否則縱父母祖宗有懿德。人所共知。因其人不肖。必疑其父母祖宗雖有懿德。或復兼有隱惡。否則懿德之門。何爲出此不肖之子孫耶。以是知立身行道。卽爲表彰父母祖宗之德。爲人子者。宜如何主敬愼獨。躬行實踐。以期無忝所生也。【同】十四

●世有賢母。方有賢人。古昔聖母。從事胎教。蓋鈞陶於稟質之初。而必期其習與性成也。世以太太稱女人者。蓋以太姜、太任、太姒、三聖女各能相夫教子。以開八百年之王業者。用稱其人焉。光常謂治國平天下之權。女人家操得一大半。又嘗謂教女爲齊家治國之本者。蓋指克盡婦道。相夫教子而言也。無如今之女流。多皆不守本分。妄欲攬政權。做大事。不知從家庭培植。正所謂聚萬國九州之鐵。也鑄不成此一箇大錯。以故世道人心。愈趨愈下。天災人禍。頻頻見告。雖屬衆生同分惡業所感。實由家庭失教所致。以故有天姿者。習爲狂妄。無天姿者。狎於頑民。使各得賢母以鈞陶之。則人人皆可爲善士。窮則獨善。達則兼善。夫何至上無道揆。下無法守。弊竇百出。民不聊生乎哉。【雜著】十五

●但求不饑不寒。何思財發巨萬。遺子黃金滿籯。不如教子一經。祖德若虧。便當愧死。祖業縱虧。有何所傷。【書一】十七

●富貴人家子弟。多不成器。其源由於愛之不得其道。或偏與錢財。或偏令穿好衣服。錢隨彼用。則必至妄喫致病。若爲彼存以生息。餘不得者。於父母生嫌心。於所偏得兄弟姊妹生忌心。皆非所以教孝教弟之道。若女有錢。出嫁必以錢自驕。或輕其夫。或不洞事。以錢助夫爲不法事。欲兒女成賢人。當爲培福。不當爲積財。財爲禍本。汝等看多少白手起家者。皆由無錢自勤

而來。而大富家。多多不久房產一空。故古人云。遺子黃金滿籯。不如教子一經。能讀則讀。不能讀。或農、或工、或商。各有一業。爲立身養家之本。女子若有錢。明道理。錢固爲助道之本。不明道理。則害其女幷害其壻。幷害其外孫孫女矣。【書二】六一

●人之一生成敗。皆在年幼時栽培與因循所致。汝已成童。宜知好歹。萬不可學時派。當學孝。學弟學忠厚誠實。當此輕年。精力强壯。宜努力讀書。凡讀過之書。當思其書所說之事。是要人照此而行。不是讀了就算數了。書中所說。或不易領會。而陰騭文感應篇等。皆直說。好領會。宜常讀常思。改過遷善。於暇時。尤宜念阿彌陀佛及觀世音菩薩。以期消除業障。增長福慧。切勿以爲辛苦。古語云。少壯不努力。老大徒傷悲。此時若錯過光陰。後來縱然努力。亦難成就。以年時已過。記性退半。所學皆用力多而得效少耳。第一先要做好人。見賢思齊焉。見不賢而內自省焉。第二要知因果報應。一舉一動。勿任情任意。必須想及此事。於我、於親、於人、有利益否。不但做事如此。卽居心動念。亦當如此。起好心。卽有功德。起壞心。卽有罪過。要想得好報。必須存好心。說好話。行好事。有利於人物。無害於自他方可。倘不如此。何好報之可得。譬如以醜像置之於明鏡之前。決定莫有好像現出。所現者。與此醜像了無有異。汝果深知此義。則將來必能做一正人君子。令一切人皆尊重而愛慕之也。祈審慎思察。則幸甚幸甚。【書一】九九

●如來說法，恆順衆生。遇父言慈，遇子言孝。外盡人倫，內消情慮。使復本有眞心，是名爲佛弟子。豈在兩根頭髮上論也。況貴鄉僻居深山，知法者少。高明者以語言不通之故，皆不至其地。仗此好心竭力學道。孝弟修而閭里感化。齋戒立而殺盜潛消。研究淨土經論，則知出苦之要道。受持安士全書，則知淑世之良謨。以淨土法門諭親，以淨土法門教子，及諸親識。正以生死事大，深宜痛恤我後。不必另擇一所。卽家庭便是道場。以父母、兄弟、妻子、朋友、親戚，盡作法眷。自行化他，口勸身率，使其同歸淨域，盡出苦輪。則可謂戴髮高僧，居家佛子矣。【書一】三十

●二位，令親在堂，宜以淨土法門，感應事迹，常時解說，令其發歡喜心，信受奉行。若不以此爲孝，則縱能盡世之所謂孝者，究竟於親有何利益。大禹，大聖人也，不救於鯀之神化爲黃能。（音乃平聲。卽三足鼈。）入於羽淵。觀此可不惕然驚，憬然悟，以求導親之神，高預海會，親炙彌陀，以證夫卽心本具之無量光壽乎。志蓮居士，苦行雖好，恐淨土宗旨有所不知。或求轉女身，及生人天樂處之心，不能徹底放下。致無邊利益，隨世間小樂而失之。亦宜常爲講說，令其志向決定耳。夫勸一人生淨土，卽成就一衆生作佛。凡成佛，必度無量衆生，而其功由我始。其功德利益，何可思議也哉。又自既修淨土，尚須以此法門普告一切，況妻妾子女，豈可不勸令發心而失此巨益

乎。倘天性相近、則何善如之。如稍相遠、亦須漸磨漸染、俾卽遜而成近耳。此所謂深愛、所謂宏慈。捨此而爲慈愛、皆名有而實無耳。【書一】三七

●太夫人年已八十有三、當常勸諭、令其信願念佛。若令終日長念、或恐不能如是、前者頗欲設法、在生助念、思之未得。鎭守使王悅山、奉母來山、見其眷屬甚多、因得一絕妙之助念法。已與彼略說之、亦與彼說、當與閣下言之。倘閣下能實行、彼亦不至漠然置之、亦自利利他之道也。閣下眷屬兒輩、則各有職業、固難常時依行。若媳輩、則無事淸閒。女使輩若奶媽等、則無什要事。當令諸人按鐘點、日在太夫人旁、高聲念佛半點鐘。過時換班、一日不斷佛聲、太夫人能隨之而念亦好。如不能隨、但令攝心諦聽、則一日之中、常不離佛。在諸人亦不喫力、以一日之中、不過當一囘值、或至兩囘。亦隔許久時候。彼等一無事事、借此令盡孝思、令種善根、卽女使等、亦得因此之故、得植出離生死之緣。從此以往、率以爲常。卽太夫人壽過期頤、此法無令中輟、其利益不可思議。凡有信心人、欲成就父母往生之道業者、皆當以此告之。【書二】四八

●汝母年高、於淨土一法、未能認眞修持。宜常與談說六道輪迴之苦、極樂世界之樂。人生世間、超昇最難、墮落最易。若不往生西方、且莫說人道不足恃、卽生於天上、福壽甚長、福力一盡、仍舊墮落人間、及三途惡道受苦。不知佛法、則無可如何。今既略曉佛法、豈可將此一番大利

益事。讓與別人。自己甘心在六道輪迴中頭出頭沒。永無解脫之日乎。如是說之。或可發其宿世善根信受奉行也。菩薩度生。隨順機宜。先以欲鉤牽。後令入佛智。汝能力修孝友。及以淨土法門。勸導自己眷屬。及一切有緣者。同作蓮池會裏人。則功德大矣。【書二】五九

●夫孝子之於親。宜先乎本而次乎末。養其體而導其神。倘唯知服勞奉養以安之。立身行道以榮之。而不知以常住無生之道。念佛往生之法。諭令修持。使其生念佛號。死生佛國。辭生死之幻苦。享常住之眞樂。承事彌陀。參隨海衆。聞圓音而三惑淨盡。睹妙境而四智圓明。不違安養。徧入十方。上求下化。廣作佛事。徹證卽心本具之佛性。普作苦海度人之慈航。是所謂見小而忘大。得近而遺遠。乃中人之局見。非達士之大觀也。若能令慈親與己。併及家眷。同出娑婆。同生安養。同證無量光壽。同享寂滅法樂。同作彌陀法王子。同爲人天大導師。方可盡其孝慈之心。與夫教育之誼。其所謂孝慈教育。非世之所謂孝慈教育也。【序】六

●孝之爲道。其大無外。一切諸善。無不彌綸。然有世出世間。大小本迹之異。世間之孝。服勞奉養。以安其身。先意承志。以悅其心。乃至立身行道。以揚名於後世。雖其大小不同。皆屬色身邊事。縱令大孝格天。究於親之心性生死。無所裨益。所謂。徒徇其迹。而不究其本。況乎殺生以養以祭。俾親之怨對固結。永劫酬償不已者乎。出世間之孝。其迹。亦同世間服勞奉養。以迄立身

揚名。而其本則以如來大法。令親熏修親在。則委曲勸諭。冀其喫素念佛。求生西方。喫素。則不造殺業。兼滅宿殃。念佛。則潛通佛智。暗合道妙。果能深信切願。求生西方。必至臨命終時。蒙佛接引。託質九蓮也。從茲超凡入聖。了生脫死。永離娑婆之衆苦。常享極樂之諸樂。親沒則代親篤修淨業。至誠爲親回向。心果眞切。親自蒙益。若未往生。可卽往生。若已往生。高增蓮品。既能如是發心。則與四宏誓願相應。菩提覺道相契。豈獨親得蒙益。而已之功德善根。蓮臺品第。當更高超殊勝矣。況以身說法。普令同倫發起孝思乎。此孝方爲究竟實義。非若世間只期有益色身、現世、竟遺棄其心性、與未來而不論也。是知佛敎以孝爲本。故梵網經云。孝順父母、師僧、三寶。孝順至道之法。孝名爲戒。又於殺盜淫各戒中。皆言應生慈悲心。孝順心。於不行放救戒中則云。一切男子是我父。一切女人是我母。我生生無不從之受生。故六道衆生。皆是我父母。而殺而食者。卽殺我父母。由是言之。佛敎之孝。徧及四生六道。前至無始。後盡未來。非只知一身一世之可比也。知是而不戒殺放生。喫素念佛者。安盡其究竟至極無加之孝耶。【記一】十二

●自既修持淨業。（謂改過遷善及念佛。卽生卽廓往生西方）亦當敎一切相識者。亦修淨業。宜依龍舒文普勸門。令其隨分隨力種此不思議善根。然既欲敎人。須由親及疏。妻妾子女。忍不令得此利益乎。文王刑於寡妻。至於兄弟。以御於家邦。世出世自行化他。莫不如是。【書一】二十

●自己改惡修善。一心念佛。凡一切親故。並有緣之人。亦當以此教之。其反對之人。當作憐憫想。不可強制令行。按牛頭喫草。萬萬做不得。若曰我一心念佛。諸事不理。不唯與世法有礙。亦不與佛法相合。素位而行。方爲得之。勸人念佛修行。固爲第一功德。然下而妻子兄弟。上而父母祖妣。皆當勸之。倘不能於家庭委曲方便。令吾親屬同得不思議。卽生了脫之益。便爲捨本逐末。利疏而不計利親。其可乎哉。【書一】五十

●同室之人。固宜於閒暇無事時。委曲宛轉。開陳至理。令其心知有是非可否。則心識不知不覺。漸摩漸染而爲轉變。至其愚傲之性發現時。可對治。則以至理名言。和氣平心以對治之。否則任伊一概置之不理。待其氣消。再以平心和氣。論其曲直。久之則隨之而化。若用強蠻惡辣手段。斷非所宜。以彼有所恃。所恃者子女也。兼失子女觀法之訓。【書二】五

●現今法弱魔強。欲護持佛法。在俗則易。在僧則難。閣下若能嚴持五戒。專念彌陀。克己復禮。言行相應。然後廣行化導。普利羣倫。不可居師位而自高。不可受錢財而自益。在家爲一家演說。對衆爲大衆詳陳。則人皆仰其德而信從其言。所謂其身正。不令而行。以身作則。草上之風必偃也。【書二】二四

●吾嘗有聯云。捨西方捷徑。九界衆生。上何以圓成佛道。離淨土法門。十方諸佛。下不能普利

羣萌。閣下當發大勇猛。發大精進。擔荷此法。取古人宏揚淨土之逗機言論。爲鄉里倡。居塵不染。卽俗修眞。方合融脫命名之義。【書二】二五。

丁　勸居塵學道

●念佛。固貴專一。然居士上有父母。下有妻室。分外營謀。妄希富樂。實所不應。至於分內所當爲者。亦須勉力爲之。非必屏棄一切。方爲修行也。若屏棄一切。能不缺父母妻室之養。則可否則便與孝道相背。雖曰修行。實違佛敎。是又不可不知也。又須以淨土法門利益。勸父母。令其念佛求生西方。若能信受奉行。臨命終時。定得往生。一得往生。直下超凡入聖。了生脫死。高預海會。親炙彌陀。直至成佛而後已。世間之孝。孰能與此等者。又若能以此普告同人。令彼各各父母皆得往生。則化功歸己。而親與自己之蓮品。更當增高位次矣。詩云。孝子不匱。永錫爾類。欲孝其親者。宜深思而力行之。【書一】十五

●人之際遇。萬有不齊。約汝分論。實爲在家益大。而出家益小。汝祖業頗可度用。上有慈親可事。中有兄弟可靠。室有賢妻。膝無子女。而且汝之大兄頗信佛法。三弟四弟。亦皆與道不相悖戾。汝在家篤修淨業。亦可爲慈親生信念佛。以期了脫之導。亦可爲兄弟在外料理家門之事。亦可以率其妻室、弟婦等。同修淨業。同出輪迴之計。外而鄉黨親戚。隨緣開導。卽家舍爲道場。

舉慈親。及兄弟妻室子姪。鄉黨親朋。皆爲法眷。隨力隨分。身率言化。俾永嘉一班迷途之人。并彼邪見種性之人。同納於佛法至極圓頓淨土法門大冶洪鑪之中。共成法器。同修淨業。將來同登蓮邦。共證菩提。豈不如汝出家爲僧。舍親遠去。室人有無依之恨。慈親有怨子之懷。而且一班不明至理之人。反謂佛法爲背畔世道。妄生謗毀。俾此等人造口業。墮惡道。未見其益。而先受此等大損之爲愈乎。況汝慈親既不應許。豈可不遵慈命。仍懷此心乎。如汝親不許汝修行。猶有可原。汝親甚歡喜汝修行。何得必欲離親修行乎。佛法中六度萬行。種種功業。皆爲利益衆生。汝不出家。則於親有大利益。只此一事。卽可曲順親心居塵學道。俾親見熟。不期其信向而自然信向。卽爲莫大功德。況不止親一人乎。又親既不許。則不可再思出家。以佛戒律中。父母不許出家。自己任意求出家者。不許攝受剃度。及受戒等。否則師弟各皆得罪。(書二)九

●今藩籬大撤。在家人研究修習者。其多如林。得利益生西方者。亦常有其事。何得要離親出家乎。此事光絕不贊成。按實說。當今修行。還是在家人好。何以故。以一切無礙故。出家人之障礙。比在家人多。是以非眞實發道心者。皆成下流。坏無益於法。有玷於佛也。(書一)九一

●若欲出世。亦不須另起鑪竈。但依佛之言敎。對治煩惱習氣。俾其淨盡無餘。卽已。雖身在俗境。不妨斷惑證眞。了生脫死。以進趣佛果。如西天之維摩居士。及此土之傅大士。李長者。龐居

士等。卽力有不及。又有仗佛慈力往生西方一法。以爲恃怙。豈必盡人捨俗出家。方爲佛弟子乎。【序】六六

●居塵學道。卽俗修眞。乃達人名士。及愚夫愚婦。皆所能爲。勉力修持。以在家種種繫累。當作當頭棒喝。長時生此厭離之心。庶長時長其欣樂之志。卽病爲藥。卽塞成通。上不失高堂之歡。下不失私室之依。而且令一切人同因見聞。增長淨信。何樂如之。【書二】十

●人生世間。不可無所作爲。但自盡誼盡分。決不於誼分之外。有所覬覦。士農工商。各務其業。以爲養身養家之本。隨分隨力。執持佛號。決志求生西方。凡有力能及之種種善事。或出貲。或出言。爲之贊助。否則發隨喜心。亦屬功德。以此培植福田。作往生之助行。如順水揚帆。更加艣棹。其到岸也。不更快乎。【書二】十七

●若大通家。則禪淨雙修。而必以淨土爲主。若普通人。則亦不必令其徧研深經奧論。但令諸惡莫作。衆善奉行。一心念佛。求生西方。卽已。此人不廢居家業。而兼修出世法。雖似平常無奇。而其利益不可思議。良以愚夫愚婦。顓蒙念佛。卽能潛通佛智。暗合道妙。校比大通家之卜度思量。終日在分別中弄識神者。爲益多多也。以故愚夫愚婦念佛。易得益。大通家。能通身放下。亦易得益。若唯以義理是卜度者。則不得益。或反得病。及未得謂得。流入狂派者有之。參禪一

法，非現今人所宜學。縱學，亦只成文字知見，決不能頓明自心，親見自性。何以故，一則無善知識提持決擇，二則學者不知禪之所以。名爲參禪，實爲誤會。【書二】二八

●受戒一事，若男子出家爲僧，必須入堂習儀，方知叢林規矩，爲僧儀則，則遊方行脚，了無妨阻。否則十方叢林，莫由住止。若在家女人，家資豐厚，身能自主，詣寺受戒，亦非不可。至於身家窮困，何必如此。但於佛前懇切至誠，懺悔罪業，一七日，自誓受戒。至第七日，對佛唱言，我弟子某某，誓受五戒，爲滿分優婆夷。（優婆夷，此云近事女，謂既受五戒，堪事佛故。滿分者，五戒全持也。）盡形壽不殺生，盡形壽不偷盜，盡形壽不淫欲，（若有夫女，則曰不邪淫。）盡形壽不妄語，盡形壽不飲酒。如是三說，即爲得戒。但自志心受持，功德並無優劣。切勿謂自誓受戒者，爲不如法。此係梵網經中如來聖訓。【書一】五四

●三皈五戒，爲入佛法之初門。修餘法門，皆須依此而入，況即生了脫之至簡至易至圓至頓之不思議淨土法門耶。不省三業，不持五戒，即無復得人身之分，況欲得蓮華化生，具足相好光明之身耶。【書一】三十

●爲在家弟子，略說三歸、五戒、十善義。

悲哉衆生，從無始來，輪迴六道，流轉四生。無救無歸，無依無託。若失父之孤子，猶喪家之窮人。總由煩惱惡業，感斯生死苦果。盲無慧目，不能自出。大覺世尊，愍而哀之。示生世間，爲其說法。

令受三歸。爲翻邪歸正之本。令持五戒。爲斷惡修善之源。令行十善。爲淸淨身口意三業之根。從玆諸惡莫作。衆善奉行。三業既淨。然後可以遵修道品。令其背塵合覺。轉凡成聖。斷貪瞋癡煩惱之根本。成戒定慧菩提之大道。故爲說四諦。十二因緣。六度。三十七助道品等無量法門。又欲令速出生死。頓成佛道。故爲說念佛求生淨土法門。使其不費多力。卽生成辦。噫。世尊之恩。可謂極矣。雖父母不足譬。天地不足喩矣。不慧受恩實深。報恩無由。今汝等謬聽人言。不遠數千里來。欲以我爲師。然我自揣無德。再四推卻。汝等猶不應允。今不得已。將如來出世說法度生之意。略與汝等言之。并將三歸、五戒、十善。及淨土法門。略釋其義。使汝等有所取法。有所遵守。其四諦。乃至三十七助道品等。非汝等智力所知。故略而不書。汝等若能依教奉行。便是以佛爲師。何況不慧。若不依教奉行。則尙負不慧之恩。何況佛恩。【雜著】三八

三歸者（歸。亦作皈。皈字。從白從反。取其反染成淨之義。）

一歸依佛。　二歸依法。　三歸依僧。

歸者。歸投。依者。依託。如人墮海。忽有船來。卽便趣向。是歸投義。上船安坐。是依託義。生死爲海。三寶爲船。衆生歸依。卽登彼岸。既歸依佛。以佛爲師。從今日起。乃至命終。不得歸依天魔外道。邪鬼邪神。既歸依法。以法爲師。從今日起。乃至命終。不得歸依外道典籍。（法。卽佛經。及修行種種法門。典籍。卽經書也。）

既歸依僧。以僧爲師。從於今日。乃至命終。不得歸依外道徒衆。【雜著】三九

五戒者

一不殺生。二不偷盜。三不邪淫。四不妄語。五不飲酒。

好生惡死。物我同然。我既愛生。物豈願死。由是思之。生可殺乎。一切衆生。輪迴六道。隨善惡業。昇降超沈。我與彼等。於多劫中。互爲父母。互爲子女。當思拯拔。何忍殺乎。一切衆生。皆有佛性。於未來世。皆當成佛。我若墮落。尙望拔濟。又既造殺業。必墮惡道。酬償宿債。展轉互殺。無有了期。由是思之。何敢殺乎。然殺生之由。起於食肉。若知如上所說因緣。自不敢食肉矣。又愚人謂肉爲美。不知本是精血所成。內盛屎尿。外雜糞穢。腥臊臭穢。美從何來。常作不淨觀。食之當發嘔矣。又生。謂人、及禽獸蛆蟲魚蝦蚊虻蚤蝨。凡有命者皆是。不可謂大者不可殺。小者可殺也。佛經廣說戒殺放生功德利益。俗人不能得讀。當觀安士先生萬善先資。可以知其梗概矣。

不偷盜者。卽是見得思義。不與不取也。此事知廉恥者。便能不犯。然細論之。非大聖大賢。皆所難免。何也。以公濟私。刻人益己。以勢取財。用計謀物。忌人富貴。願人貧賤。陽取爲善之名。遇諸善事。心不認眞。如設義學。不擇嚴師。誤人子弟。施醫藥。不辨眞假。誤人性命。凡見急難。漠不速救。緩慢浮游。或致誤事。但取塞責了事。糜費他人錢財。於自心中不關緊要。如斯之類。皆名偷

盜。以汝等身居善堂。故摘其利弊而略言之。

不邪淫者。俗人男女居室。生男育女。上關風化。下關祭祀。夫婦行淫。非其所禁。但當相敬如賓。爲承宗祀。不可以爲快樂。徇欲忘身。雖是己妻。貪樂亦犯。但其罪輕微。若非己妻。苟合交通。即名邪淫。其罪極重。行邪淫者。是以人身行畜生事。報終命盡。先墮地獄、餓鬼。後生畜生道中。千萬億劫。不能出離。一切衆生。從淫欲生。所以此戒難持易犯。縱是賢達。或時失足。何況愚人。若立志修持。須先明利害。（利謂不犯之利。害謂犯之禍害。）及對治方法。則如見毒蛇。如遇怨賊。畏怖恐懼。欲心自息矣。對治方法。廣載佛經。俗人無緣觀覽。當看安士先生欲海回狂。可以知其梗概矣。

不妄語者。言而有信。不慮妄發也。若見言不見。不見言見。以虛爲實。以有爲無等。凡是心口不相應。欲欺哄於人者皆是。又若自未斷惑。謂爲斷惑。自未得道。謂爲得道。名大妄語。其罪極重。命終之後。決定直墮阿鼻地獄。永無出期。今之修行而不知佛法教理者。比比皆是。當痛戒之。切要切要。以上四事。不論出家在家。受戒不受戒。犯之皆有罪過。以體性是惡故也。然不受戒人一層罪過。受戒之人兩層罪過。於作惡事罪上。又加一犯戒罪。故若持而不犯。功德無量無邊。切須勉之。

不飲酒者。酒能迷亂人心。壞智慧種。飲之令人顛倒昏狂。妄作非爲。故佛制而斷之。凡修行者。

皆不許飲。并及葱、韭、薤、（音械。小蒜也。）蒜。五種葷菜。（五葷菜西域有五。此方但四。）氣味臭穢。體不淸潔。熟食發淫。生啖增恚。凡修行人。皆不許食。然此一事。未受戒者。飲之食之。皆無罪過。受戒飲食。即犯佛戒。一層罪過。佛已禁制。汝又去犯。故有罪也。【雜著】三九（按五種葷菜。吾鄉於葱韭薤蒜外。再加藟。爲五。臭味相同。似不宜食。德森註。）

十善者

一不殺生。　二不偸盜。　三不邪淫。　四不妄言。　五不綺語。　六不兩舌。　七不惡口。　八不慳貪　九不瞋恚。　十不邪見。

此中前三名身業。中四名口業。後三名意業。業者。事也。若持而不犯。則爲十善。若犯而不持。則爲十惡。十惡分上中下。感地獄、餓鬼、畜生、三惡道身。十善分上中下。感天、人、阿修羅、三善道身。善因感善果。惡因感惡果。決定無疑。絲毫不錯也。殺盜淫妄。已於五戒中說。綺語者。謂無益浮詞。華妙綺麗。談說淫欲。導人邪念等。兩舌者。謂向彼說此。向此說彼。挑唆是非。鬬構兩頭等。惡口者。謂言語麤惡。如刀如劍。發人隱惡。不避忌諱。又傷人父母。名大惡口。將來當受畜生果報。既受佛戒。切莫犯此。慳貪者。自己之財。不肯施人。名之爲慳。他人之財。但欲歸我。名之爲貪。瞋恚者。恨怒也。見人有得。愁憂憤怒。見人有失。悅樂慶快。及逞勢逞氣。欺侮人物等。邪見者。不信爲善得福。作惡得罪。言無因果。無有後世。輕侮聖言。毀佛經教等。然此十善。總該一切。若能遵行。無惡不斷。無善不修。恐汝等不能體察。今略舉其一二。當孝順父母。無違無逆。委曲宛轉。勸令入道。斷葷喫素。持戒念佛。求生西方。了脫生死。父母若信。善莫大焉。如決不依從。亦勿強逼。以失孝道。但於佛前代父母懺悔罪過。斯可矣。於兄弟則盡友。於夫婦則盡敬。於子女則極力教訓。使其爲良爲善。切勿任意嬌慣。致成匪類。於鄰里鄉黨。當和睦忍讓。爲說善惡因果。使其改過遷善。於朋友則盡信。於僕使當慈愛。於公事則盡心竭力。同於私事。凡見親識。遇父言慈。遇子言孝。若做生意。當以本求利。不可以假貨哄騙於人。若以此風化其一鄉一邑。便能消禍亂於未萌。致刑罰於無用。可謂在野盡忠。居家爲政矣。【雜著】四十

十　標應讀典籍

●大啓願輪。深明緣起。其唯無量壽經。專闡觀法。兼示生因。其唯十六觀經。此上二經。法門廣大。諦理精微。末世鈍根。誠難得益。求其文簡義豐。詞約理富。三根普被。九界同遵。下手易而成功高。用力少而得效速。篤修一行。圓成萬德。頓令因心。卽契果覺者。其唯佛說阿彌陀經歟。良由一聞依正莊嚴。上善俱會。則眞信生而切願發。有若決江河而莫禦之勢焉。從茲拳拳服膺。執持萬德洪名。念茲在茲。以至一心不亂。能如是。則現生已預聖流。臨終隨佛往生。開佛知見。同佛受用。是知持名一法。囊括萬行。全事卽理。全妄卽眞。因該果海。果徹因源。誠可謂歸元之

捷徑入道之要門。【序】一

●阿彌陀經，有蕅益大師所著要解，理事各臻其極，為自佛說此經來第一註解，妙極確極。縱令古佛再出於世，重註此經，亦不能高出其上矣。不可忽略，宜諦信受。無量壽經，有隋慧遠法師疏，訓文釋義，最為明晰。觀無量壽佛經，有善導和尚四帖疏，唯欲普利三根，故多約事相發揮。至於上品上生章後，發揮專雜二修優劣，及令生堅固眞信，雖釋迦諸佛現身，令其捨此淨土，修餘法門，亦不稍移其志，可謂淨業行者之指南鍼也。若夫台宗觀經疏妙宗鈔，諦理極圓融，中下根人，莫能得益。故不若四帖疏之三根普被，利鈍均益也。【書一】五二

●古人欲令舉世咸修，故以阿彌陀經列為日課。以其言約而義豐，行簡而效速。宏法大士，註疏讚揚，自古及今，多不勝數。於中求其至廣大精微者，莫過於蓮池之疏鈔。極直捷要妙者，莫過於蕅益之要解。幽溪法師，握台宗諦觀不二之印，著略解圓融中道之鈔，理高深而初機可入，文暢達而久修咸欽。【序】二

●淨如彌陀疏鈔攝，言簡而精，理深而著，乃淨土之要書，實初機之良導。【書一】五九

●華嚴經普賢行願品，以十大願王，導歸極樂。讀此，知念佛求生西方一法，乃華嚴一生成佛之末後一著，實十方三世諸佛，因中自利，果上利他之最勝方便也。【書二】一

●行願品義理宏闊．文字微妙。誦之令人人我衆生之執著．化爲烏有。往生淨土之善根．日見增長理宜自行化他。但不可以未持此經．卽修淨土．亦屬偏僻薄福耳。蓮池蕅益等．亦皆極力讚揚。彌陀要解中有云．如來一代時教．唯華嚴明一生圓滿．而一生圓滿之因．末後普賢以十大願王．導歸極樂．勸進善財．及華藏海衆。噫．華嚴所稟．卻在此經．而天下古今信尟疑多．詞繁義蝕．余唯有剖心瀝血而已。所以無隱謂．華嚴卽廣本彌陀．彌陀卽略本華嚴。觀二大師之言．則知看經不具圓頓眼．其孤負佛恩處多矣。【書一】四十

●楞嚴經五卷末．大勢至菩薩念佛圓通章．乃淨宗最上開示。祇此一章．便可與淨土四經參而爲五。【書一】四三

●淨土十要．乃蕅益大師．以金剛眼．于闡揚淨土諸書中．選其契理契機．至極無加者。第一彌陀要解．乃大師自註。文淵深而易知．理圓頓而唯心。妙無以加．宜常研閱。至於後之九種．莫不理圓詞妙．深契時機。雖未必一一全能了然．然一經翻閱．如服仙丹。久之久之．卽凡質而成仙體矣。此是譬喻法門之妙．不可錯會謂令成仙。【書一】五三

●淨土聖賢錄．歷載彌陀因中行願．果上功德。及觀音．勢至．文殊．普賢．馬鳴．龍樹．諸菩薩．自行化他之事。次及遠公．智者．暨清初諸大祖師善知識往生事跡。及比丘、尼、王臣、士庶、婦女、惡人、

畜生，念佛往生之事。又復采其言論之切要者，併錄傳中，俾閱者取法有地，致疑無由。以古爲師，力修淨業。較參叩知識更加眞切矣。【書一】五三

●龍舒淨土文，斷疑起信，修持法門，分門別類，縷析條陳，爲導引初機之第一奇書。若欲普利一切，不可不從此以入手。【書一】五三

●法苑珠林，一百卷，常州天寧寺，訂作三十本。蘇州瑪瑙經房，訂作廿四本。瑪瑙經房板殘缺，天寧寺板係新刻。詳談因果，理事并進。事迹報應，歷歷分明。閱之令人不寒而栗。縱在暗室屋漏，常如面對佛天，不敢稍萌惡念。上中下根皆蒙利益，斷不至錯認路頭，執理廢事，歸于偏邪狂妄之弊。夢東所謂善談心性者，必不棄離于因果。深信因果者，終必大明乎心性。此理勢所必然也。夢東此語，乃千古不刊之至論，亦徒逞狂慧者之頂門鍼也。【書一】十三

●安士全書，覺世牖民，盡善盡美。談道論德，越古超今。言簡而該，理深而著。引事迹，則證據的確。發議論，則洞徹淵源。誠傳家之至寶，亦宣講之奇書。言言皆佛祖之心法，聖賢之道脈，淑世善民之要道，光前裕後之祕方。若能依而行之，則繩武聖賢，了生脫死，若操左券以取故物。與彼世所流通善書，不啻有山垤海潦之異。安士先生，姓周，名夢顏，一名思仁，江蘇崐山諸生也。傳通三教經書，深信念佛法門。弱冠入泮，遂厭仕進，發菩提心著書覺民。欲令斯民先立於無

過之地。後出乎生死之海。故著戒殺之書曰萬善先資。戒淫之書曰欲海回狂。良以衆生造業。唯此二者最多。改過亦唯此二者最要。又著陰騭文廣義。使人法法頭頭皆知取法。皆知懲戒。批評辯論。洞徹精微。可謂帝君功臣。直將垂訓之心。徹底掀翻。和盤托出。使千古之上。千古之下。垂訓受訓。兩無遺憾矣。以其以奇才妙悟。取佛祖聖賢幽微奧妙之義。而以世間事跡文字發揮之。使其雅俗同觀。智愚共曉故也。又以修行法門。唯淨土最爲切要。又著西歸直指一書。明念佛求生西方。了生脫死大事。良以積德修善。只得人天之福。福盡還須墮落。念佛往生。便入菩薩之位。決定直成佛道。前三種書。雖教人修世善。而亦具了生死法。此一種書。雖教人了生死。而又須力行世善。誠可謂現居士身。說法度生者。不謂之菩薩再來。吾不信也。【同上】五六

●感應篇彙編。文筆議論。悉皆超妙。但不如安士全書之貫通佛法耳。除安士全書之外。當推此爲第一。【同上】六三

●感應篇直講。此書係大通家所著。其註直同白話。但順文一念。其義自顯。最宜於幼年子女今將此寄來。以企依此訓誨其子女。將來必能得眞實受用。而釋親憂矣。【書一】六三

●居士傳。係乾隆間蘇州進士彭紹升。博覽羣書之暇。採自漢至今之大忠大孝。清正廉潔。有功名。敎深通佛法者。錄其入道修證之事。兼載發揮佛法之文。人有數百。書成六册。【書一】五七

●三教平心論。係元學士劉謐所作。先明三教並是勸人止惡行善。不可偏廢。次明極功淺深不同。後廣破韓愈之說。幷歐陽程朱之說。【書一】五七

●釋氏稽古略。以歷代紀年爲綱。儒釋事迹爲目。自伏犧、至明末。國家之治亂。佛法之興衰。信毀之罪福。修持之利益。祖師法言。高僧行實。及出格忠孝。至極奸惡。皆錄大端。使人展卷便知法戒。端坐曠觀古今。豈徒有益於修道之士。而實爲讀書論古者之袖裏奇珍也。【書一】五七

●若已有信心。當閱淨土諸書。若不能多閱。其最顯豁者。如徑中徑又徑一書。採輯諸家要義。分門別類。令閱者不費研究翻閱之力。直趣淨土閫奧。于初機人大有利益。【書二】三一

●高僧傳。初、二、三、四、集。居士傳。比丘尼傳。善女人傳。淨土聖賢錄。皆記古德之嘉言懿行。閱之。自有欣欣向榮之心。斷不至有得少爲足。與卑劣自處之失。宏明集。廣宏明集。鐔津文集。折疑論。護法論。三教平心論。續原教論。一乘決疑論。皆護教之書。閱之。則不被魔外所惑。而摧彼邪見城壘矣。此等諸書。閱之能令正見堅固。能與經教互相證明。且勿謂一心閱經。置此等於不問。則差別知見不開。遇敵或受挫辱耳。【書一】四八

●夢東語錄。乃錢伊庵居士。於夢東遺集中。摘其專示淨土言句。於南方流通。以補久仰無緣會晤之憾。全集北京則有。南方唯此略本。此書詞理精妙。爲蕅益、省庵、後之第一著作。【書一】七六

●夢東云，眞爲生死，發菩提心，以深信願，持佛名號。此十六字，爲念佛法門一大綱宗。此一段開示，精切之極，當熟讀之。而夢東語錄，通皆詞理周到，的爲淨宗指南。再進而求之，則蕅益老人彌陀要解，實爲千古絕無而僅有之良導。倘能於此二書，死心依從，則即無暇研究一切經論，但常閱淨土三經及十要等。仰信佛祖誠言，的生眞信，發切願。以至誠恭敬，持佛名號。雖在暗室屋漏，如對佛天。克己復禮，愼獨存誠。不效近世通人，了無拘束，肆無忌憚之派。光雖生死凡夫，敢爲閣下保任，即生便可俯謝娑婆，高預海會，親爲彌陀弟子，大士良朋矣。【書一】七八

●有此諸書，淨土衆義，可以備知。縱不偏閱羣經，有何所欠。倘不知淨土法門，縱令深入經藏，徹悟自心，欲了生死，尚不知經幾何大劫，方能滿其所願。阿伽陀藥，（梵語阿伽陀，此云普治，普治一切諸病也。）萬病總治。此而不知，可痛惜哉。知而不修，及修而不專心致志，更爲可痛惜也已矣。【同】五三

增附

示柴也愚書（此一書，文鈔中無有，因世人多疑迷悟生佛，及聖狂等義，故附錄于此，以釋羣疑。）

人皆可以爲堯舜，人皆可以作佛。唯聖罔念作狂，唯狂克念作聖。迷則佛即衆生，悟則衆生即佛。循是以求，其機在我。固宜上慕諸聖，下重己靈。戰兢惕厲，憤志修持。敦篤倫常，恪盡己分。諸惡莫作，衆善奉行。夙興夜寐，無忝所生。能如是者，則爲賢爲善，不至玷汙天地。再加以生信發

願，持佛名號，求生西方，以期親證本具佛性，圓成無上菩提而後已。大丈夫生於世間，若不識大體，徒知飲食男女之嗜欲，聲色貨利之貪求，與諸異類，有何分別。忍令以可以爲堯舜可以作佛之資，作長劫輪迴於六道，備受衆苦之據，可不哀哉。汝既發心皈依三寶，當以念念對治煩惱習氣爲本。閑邪存誠，克己復禮。改惡修善。敦倫盡分。精修淨業，自行化他。俾內而父母兄弟妻子眷屬，外而親戚朋友鄉黨鄰里，同沐佛化，同成善人，則可不虛此生，不虛此遇矣。中庸云，人皆曰予智，驅而納諸罟擭陷阱之中，而莫之知辟也。以其只知向外馳求，不知回光反照，故其害如此。若能反照自心，韜晦其智，以期自照，則便可學聖學賢學佛學祖。必致生入聖賢之域，沒登極樂之邦矣。此光爲汝命名之大意也。又唯聖罔念作狂，唯狂克念作聖。迷則佛卽衆生，悟則衆生卽佛。此四句，若不善會，或致妄生疑議。今爲略釋。初言聖、佛，皆約自心之本體而言，非已成聖成佛也。次言罔念、克念、迷悟，乃約其人之逆順操持而論。末言作狂、作聖、卽生、卽佛，乃約逆順操持所得之效果而言。倘不知初言聖、佛，是約心之本體而說，則謂已成聖成佛者，又復會成狂、成衆生，則其害大矣。故不得不爲汝略說之。餘祈詳讀文鈔，自可悉知。

復俞慧郁陳慧昶書 附來書

弟子等業障深重，賦質愚蒙，幸聞淨土法門，而得歸依座下，惟有恪遵吾師老實念佛之訓，以期速了生死。不負婆心。夫既爲佛子。應發自度度人之心。今弟子等未能自度。焉云度人。然遇親友。方便勸信。亦分內事耳。乃每有二種人所見所說。其自誤誤人。實非淺鮮。一曰佛無欲。阿彌陀經所說種種金寶。似仍爲欲。不若金剛經一切皆空。爲高超玄妙。因茲藐視淨土法門而不生信。此蓋不知金剛、彌陀二經之義。而隨己意亂道者。一曰佛既令人看破一切。何自己反生此種種貪欲。指阿彌陀經所說金寶。吾人又何苦舍目前之實有。而希冀身後之渺茫乎。此則執著邪見。任意謗佛、謗法者。然此二者。雖品有高下。其爲邪見則一也。其自誤誤人則一也。弟子等力告以西方種種境界。皆係阿彌陀佛功德現化之莊嚴實相。自在享用福德之報。與五濁惡世業力所成就者不同。況娑婆所有。悉皆苦空無常。故應棄之而求得實際也。然愚夫之言。縱不乖正理。終不克啓其正信。伏念吾師所有言論。如杲日麗天。無暗不照。敢乞聊書數語。以破此種邪見。

來書所說二種邪見。乃以凡夫知見。測度如來境界。孔子所謂。好行小慧。孟子所謂。自暴自棄。此種人。本無有可與談之資格價值。然佛慈廣大。不棄一物。不妨設一方便。以醒彼迷夢。佛由其了無貪心。故感此衆寶莊嚴。諸凡化現。不須人力經營之殊勝境界。豈可與娑婆世界之凡夫境界相比乎。譬如慈善有德之人。心地行爲。悉皆正大光明。故其相貌。亦現慈善光華之相。

彼固無心求相貌容顏之好，而自然會好。造業之人，其心地齷齪汙穢凶惡，其面亦隨之黯晦凶惡。彼固唯欲面色之好，令人以己爲正大光明之善人。而心地不善，縱求亦了不可得。此約凡夫眼見者。若鬼神，則見善人身有光明，光明之大小，隨其德之大小。見惡人則身有黑暗凶煞等相，其相之大小，亦隨惡之大小而現。彼謂金剛經爲空，不知金剛經，乃發明理性，未言及證理性而所得之果報。實報無障礙土之莊嚴，卽金剛經究竟所得之果報，凡夫聞之，固當疑爲無有此事。金剛經令發菩提心之善男女，心不住相而欲度盡衆生。雖度，亦不見我爲能度，生爲所度，及與所得之究竟涅槃之法。所謂無所住而生心，以迄無所得而作佛，將謂金剛經所成之佛，其所住之國土，亦如此五濁惡世之境界乎，爲是空空洞洞一無所有乎。淨佛國土，人一聞名，身心清淨。彼謂之爲貪欲，是蛆蟲日居糞坑，自命香潔。以栴檀爲臭穢，不願離此糞坑，聞彼香氣也。盜蹠聚徒數千，橫行天下而爲盜，反自命有道。而痛斥堯不仁，舜不孝，禹淫佚，湯武暴亂，孔子虛僞，爲無道，正與此二種人之知見相同。又如近來廢經，廢孝，廢倫，裸體遊行，以爲稟天地自然之德，不假造作。然夏則競裸，冬何不裸。謂稟自然，不假造作。掘井、耕田、紡織，方有飲食、衣服，非造作乎。惡人阻破人爲善，每每如是。謂善須無心，爲有心卽非眞善。然古之聖賢，無不朝乾夕惕，戒愼恐懼，如臨深淵，如履薄冰，是有心乎，是無心乎。總之，此種人，意欲以不修持為高上。故作此種極下劣之謬論。以自衒其明理。冀人以己為高明為大通家。為真名士。而不知其全身在糞坑裏。除彼同知見者。有誰肯相許乎。

復愚僧居士書

附鄒慧圓居士來書（）放生一事。苦乏萬全之策。世人往往以放後重遭網罟為慮。即佛弟子。亦多有此種懷疑。曾有人詢及此事。弟子應之曰。仗佛慈力加被。決不再投羅網。倘是宿業成熟。人生亦遭殺戮。惻隱之心。人皆有之。見死不救。便為忍人。亦行其心之所安者而已。云云。意雖不錯。而義多罣漏。語欠圓滿。不足以饜同者之心。昨見淨業月刊。載有我師復愚僧居士一書。為世人解釋放生小魚被大魚所食。放之長江。恐亦難免網罟之疑惑。反覆論證。如剝繭抽蕉。層層剔透。精警明切。得未曾有。洵足以折伏邪見。開導愚蒙。擬請附於嘉言錄後。以釋羣疑。

放生一事。原為感發同人戒殺護生之心。實行自己惻隱不忍之念而已。世人多矣。心行各異。縱不能全皆感動。即感動一人。彼一人一生。即少殺若干生命。況不止一人乎。至謂小魚被大魚所食。即放之長江。亦難免不遭網罟。此種計慮。似乎有理。實則為阻人善念。助人殺業。其人幸得為人。或不至身受殺戮。故作此無理之理。以顯己之智能。折伏放生者。使彼為魚及諸生命。當受殺時。斷斷不肯起此種想念。唯冀有人救己之命。決無他種救亦恐或後來又被別物所食。別人所得。唯願甘心受戮。免致後復遭殃等念。即能當此時作此想念。尚不足為訓。況萬萬不能當此時作此想念。而於無關痛癢時。作此阻人善念。啓人殺機之語。其人來生。若不自受其報。則日月當東行。天地當易位矣。言可妄發乎。大魚食小魚。固有此事。放之又遭捕。亦不能無有若謂小魚被大魚食盡無餘，則無此事理。放者盡被人復捕去，亦無此事理。何得如是過慮。譬如救濟難民，或與一衣，或與一食，亦可不至卽死。在彼則當曰。此一衣一食，何能令彼終身溫飽，與之有何利益。不如令彼凍餓而死，便可不至長受凍餓矣。又如强盜劫人，有力者爲之捍禦。彼將曰，汝若能捍禦彼一生，則爲甚善。唯捍禦一時，究有何益。反不如任彼搶劫一空，後來不至再復搶劫之爲愈也。父母之于子，常常撫育，而慈母不能撫身後之子。彼將謂，旣不能撫育，不如殺之之爲愈乎。君子修德，不以善小而不爲，不以惡小而爲之。彼必期于萬無一失，方肯行放生，則令世人盡壽皆不行戒殺放生之事矣。其人將來必膺萬無一人能救己于將死也，哀哉痛哉，不禁絡索言之。

復邵慧圓居士書

昨接來函，言令鄉親有潘仲青者，在張家口，來函欲皈依。其人性質誠樸，學問亦有研究。彼旣發心，光只好隨緣。今爲彼取法名爲慧純。以一切衆生，皆具佛性，卽皆有佛慧。但以貪瞋癡等雜糅其中，則佛慧便成衆生知見矣。今旣知佛慧本具，務于居心、動念、行事、處檢點，不令貪瞋癡等知見發生。又須以深信願，持佛名號，戒殺護生，愛惜物命，諸惡莫作，衆善奉行，自行化他，同修淨業，則其慧當漸漸而純。若能守此勿失，往生西方，則其純也更易矣。迨至煩惑淨盡，福智圓滿。則其慧純至其極。而圓成佛道矣。世人每每妄謂自己有智慧。不知其爲智慧。乃鑛中之金。了無受用。必須烹煉使其鑛璞全消。方有利益耳。大意如此。祈爲轉致學佛之人。務在躬行。今人多圖口頭暢快。是說食嘉美。無益枵腹。可哀也。

復王心禪居士書

汝母既能念佛。當令諸媳陪母念佛。又當令其喫長素。以助成母之道業爲孝。若唯以念佛恐勞心力。喫素恐不衞生以爲孝。此孝乃與羅剎女之愛人相同。此孝是破壞母之道業。俾可以了生脫死者。反令其常在生死。其孝乃是推之下井。又打以石之孝。乃令母不得超生。長劫墮落。孝則孝矣。而不知其反爲忤逆也。汝既在公辦事。形迹上不必示現修持。心地裏豈不能常憶念耶。如汝憶母。誰不許汝心中常憶母耶。汝作此等各妨礙說。完全是在形迹上論。非在心地上論也。現今時局如此危岌。若再不肯心中默密念佛。將來之事。究不知其如何解決也。汝看文鈔、嘉言錄。所說不足以決汝之疑。而必須一紙數百字。便可慰望。皆由平素不加體會之所致也。宜以眞孝勸諸媳。以常密念自行。則其利益大矣。祈慧詧是幸。

蓮池大師云。親得離塵垢。子道方成就。故凡父母沒後。爲兒女者。均當至誠念佛。以期未往生、卽得往生。已往生。則高增品位。庶與觀經淨業三福相合。成就世出世間之大孝也。

國家圖書館出版品預行編目資料

印光大師開示語錄 / 李圓淨編著. -- 初版. -- 新北市：華夏出版有限公司, 2023.12
面；　公分. --（圓明書房；029）
ISBN 978-626-7296-53-0（平裝）
1.CST：釋印光 2.CST：淨土宗 3.CST：佛教說法

226.55　　112008749

圓明書房 029
印光大師開示語錄

編　著　李圓淨
出　版　華夏出版有限公司
220 新北市板橋區縣民大道 3 段 93 巷 30 弄 25 號 1 樓
電話：02-32343788　傳真：02-22234544
E-mail：pftwsdom@ms7.hinet.net
印　刷　百通科技股份有限公司
電話：02-86926066 傳真：02-86926016
總經銷　貿騰發賣股份有限公司
新北市 235 中和區立德街 136 號 6 樓
電話：02-82275988　傳真：02-82275989
網址：www.namode.com
版　次　2023 年 12 月初版一刷
特　價　新臺幣 360 元（缺頁或破損的書，請寄回更換）

ISBN-13：978-626-7296-53-0